KB033745

통합교육, 모두를 위한 교육

통합교육, 모두를 위한 교육

초판 1쇄 인쇄 2021년 12월 15일 초판 2쇄 발행 2023년 4월 25일
글쓴이 김명희 외 펴낸이 현병호 편집 장희숙 펴낸곳 도서출판 민들레
출판등록 1998년 8월 28일 제10-1632호 주소 서울시 성북구 동소문로 47-15
전화 02) 322-1603 이메일 mindlebook@gmail.com 홈페이지 www.mindle.org
ISBN 979-11-91621-07-5 (03370)

민들레 선집 **10**

모든 아이들의 고유성을 존중하는 교육을 위해 ———

편집실 엮음

통합교육,
모두를 위한 교육

통합교육이 특수교육 대상자를 넘어 모든 아이들의 고유성을 존중하는
개별화교육으로 나아갈 수 있는 방향을 제시한다.

민들레

개인을 위한 보편의 교육

교육부에서 발표한 2019년 통계에 따르면, 특수교육 대상 초등학생 41,091명 중 일반학교에 다니는 학생 수는 33,340명입니다. 장애학생의 82%가 일반학교를 다니고 있는 것이지요. 그럼에도 통합교육은 여전히 많은 학생들에게 낯설고, 많은 교사들에게 두려운 영역입니다. 장애학생 당사자에게도 턱없이 부족함이 많은 교육임은 말할 것도 없습니다.

『장애학의 도전』저자 김도현은 여성 문제를 해결하기 위해서는 남성이 변화해야 하듯이, 장애 문제 역시 "궁극적으로는 비장애인이 바뀌고 비장애인 중심의 사회가 바뀌어야 한다"고 역설합니다. 비장애학생 중심의 일반교육 역시 개인의 다양성을 흡수할 수 있는 통합교육으로 진화해야 할 때입니다.

통합교육을 흔히 '장애학생을 위한 교육'으로 인식해왔지만, 달라진 교실을 자세히 들여다보면 더 이상 그렇지 않음을 알 수 있습니다. 우울증, ADHD, 경계선 지능 등 장애 진단을 받지는 않았어도 도움이 필요한 아이들이 늘어나고 있는 현실을 고려한다면 통합교육은 이제 모든 교사가 껴안아야 할 숙명이라는 어느 교사의 주장에 고개를 끄덕일 수밖에 없습니다.

ADHD 아이를 위한 활동적인 수업이 다른 아이들도 즐거운 배움으로 이끄는 사례에서 통합교육이 '모두를 위한 교육'이라는 사실을 알 수 있습니다. 저상버스, 턱 없는 보도 등 흔히 장애인을 배려한 시설이라고 여기는 것들이 비장애인에게도 좋다는 사실 또한 우리는 일상에서 경험하고 있습니다.

장애란 무엇일까요. 장애라는 것이 어떤 난관을 뜻한다면, 우리는 살아가면서 수시로 난관에 부딪힙니다. 장애가 누군가의 도움을 필요로 하는 거라면, 우리 모두는 한시도 다른 이의 도움 없이 살 수 없는 의존적 존재들입니다. 장애는 혼자 극복해야 할 개인의 문제가 아니라 마땅히 존중받아야 할 인간 보편의 특성이 아닐까요?

다양해지는 교실 생태계 속에서, 개인을 위한 보편의 교육을 구상하는 데 도움이 되기를 바라며 격월간 『민들레』에 실린 '장애와 교육' 이야기를 한데 엮었습니다. '정상' 중심의 사고방식으로 많은 아이들을 소외시키는 현실에 문제를 제기하며 더 나은 교육을 위해 분투하는 이들의 이야기에서 깊은 감동과 많은 영감을 받습니다. 물리적 통합을 넘어, 다양한 개인들이 함께 어울려 살아가는 법을 배우는 진정한 '통합'교육으로 한 걸음 나아갈 수 있기를 바라봅니다.

2021년 12월

장희숙 (『민들레』편집장)

차 례

2

1부
장애를 바라보는 교육적 시선

장애인이 이 세상에 온 이유

들어가는 이야기

옛날 옛날에 꼬부랑 할머니가 살았습니다. 하루는 할머니가 밭에서 김을 매다가 커다란 알을 보았어요. 마침 배가 고팠던 할머니는 알을 가져다 삶아 먹었습니다. 그런데 그날부터 할머니 배가 불러오더니 열 달 만에 아이를 낳았는데, 글쎄… 커다란 구렁이를 낳았어요.(『구렁덩덩 새 선비』, 보림)

한미경 _ 한국의 공립 고등학교와 산마을고등학교를 거쳐 독일의 발도르프학교에서 아이들을 만났다. 지금은 독일 슈투트가르트에서 한국 문학과 도서를 서구에 알리는 출판사를 운영하며 한국인지학센터 산하 서울오이리트메움에서 정기적으로 강의를 하고 있다.

아토피를 앓는 두 아이와 풍욕을 한다, 자연요법을 한다면서 아파트 안에 숨어 살던 시절이 있었습니다. 현관문만 열면 아이들이 먹고 싶은 알록달록한 사탕과 젤리가 가득한 가게가 보이고, 친구라도 만나자면 외식을 피할 수 없는 데다, 손님을 집으로 부른다 해도 고기 빼고 달걀 빼고 어쩌고 하면 마땅치 않고, 혹시나 배달 음식 시키게 될까 봐 두려워서 정말 꽁꽁 숨어 살던 그런 시절이 있었습니다. 그렇게 살면서도 아이가 가려움에 잠을 못 이루고 방바닥에 등을 부벼대며 울 때, 어찌어찌 하룻밤 보내고 나면 뱀허물처럼 허연 각질이 이불 위에 소복히 떨어져 있을 때 내가 먹은 알은 무얼까 생각해보곤 했지요.

주변에서 자폐나 다운증후군 자녀를 둔 부모의 고민을 들을 때, 내가 만나는 학생 중에 누군가가 유사자폐나 과잉행동장애로 진단받고 치료받으러 다닐 때, 우리 세대는 도대체 무슨 알을 먹었을까 궁금해했지요. 사실, 우리 어린 시절엔 아토피란 말은 있지도 않았고, 자폐니 하는 말은 교과서나 영화에서만 듣던 단어였는데 말입니다. 오랫동안 마음속에 묻어왔던 이 의문 때문이었을까요? 새해 첫 달을 특수교육에 관한 일주일간의 이론 수업과 그 후 이어진 3주간의 실습으로 벅차게 보내고 있습니다. 수많은 생각들이 머릿속에서 엉켜 이번에는 아예 글을 쓰지 말까 생각도 해보았지만, 공부한 만큼 나누어보자 다독이며 글을 시작해봅니다. 이 글은 그저 작은 용기라 하겠습니다.

자폐와 다운증후군이 늘어나는 까닭

발도르프 특수교육에서 인지학은 나름의 중요한 위치를 갖고 있습니다. 1900년대의 주된 교육목표는 빠른 속도로 분업화, 자동생산화로 개편되는 산업구조에 적합한 숙련 노동자를 양성하는 것이었다고 할 수 있겠습니다. 이처럼 인간마저 기계를 닮아가길 강요하는 시대에 슈타이너는 '교육은 치료다'라는 새로운 세계를 엽니다. 그 자신이 20대에 수두증에 걸린 아이의 가정교사로 첫 교육 경험을 시작했고, 이후 장애인을 위한 특수교육 강연을 특별히 진행하기도 했지요. 이것이 장애인 관련 종사자, 교육자, 의학자들의 열정과 만나면서, 캠프힐 같은 장애인 공동체가 만들어지고 전 세계로 확산되었습니다.

물론 슈타이너가 교육은 치료라고 단언했을 때, 다만 그 당시의 장애인만을 염두에 두고 한 말은 아닙니다. 사회가 고도로 기계화, 물질화되어 갈수록, 비록 그 혜택으로 생활의 편리함은 얻더라도 다른 한편으론 인간으로서 신체적·심리적으로 상처를 입게 될 것이라는 사실을 그는 예상한 것 같습니다.

특수교육학개론 시간에는 특별한 교재 없이 평생 특수학교 교사로 일하다 은퇴하신 힐돈 선생님이 자신의 경험과 지혜를 들려주셨는데요. 그분의 이야기 중 일부, 다운증후군과 자폐에 관한 이야기를 소개하고 싶습니다.

다운증후군 사람은 환자가 아니라 존중받아야 할 또 하나의 인종입니다. 염색체가 다르고, 외모가 다르듯, 보통사람과 완전히 다른 영혼을 가지고 있습니다. 우리는 그들을 만날 때 그 부분에 대해 완전히 깨어 있는 자세로 그들의 존재를 진심으로 존중해주어야 합니다. 다운증후군은 1866년 영국에서 처음으로 발견, 보고되었습니다. 다운증후군이 염색체 이상에 의한 돌연변이라는 사실은 다 아실 것입니다.

이렇게 한번 생각해봅시다. 우리 중 몇 사람이 지금 감기에 걸렸고, 이 교실 안에는 감기 바이러스가 가득합니다. 그리고 수업을 마치고 우리는 집으로 돌아갔습니다. 그날 밤 우리 중 몇 명은 감기를 앓기 시작하고, 몇 명은 멀쩡할 겁니다. 왜 그렇습니까? 감기 바이러스 때문에 감기에 걸렸지요. 하지만 왜 이 사람은 이렇고, 저 사람은 저럴까요? 그건 바이러스만으로는 충분히 설명되지 않습니다. 그러니 다운증후군에 대해서도 생물학적인 표면적인 이유 말고 보다 깊이 들어가 봅시다.

다운증후군이 발생한 가족을 살펴보면, 엄마가 35세 이상 나이가 들어 출산했을 때 발생 빈도가 높다고 나옵니다. 모체가 태내의 아기를 위한 건강함과 힘을 충분히 갖고 있지 못한 상황을 짐작할 수 있습니다. 또, 다분히 지적인 가족 분위기, '정상' 혹은 뛰어난 재능을 가진 형제자매 사이에 태어난다는 것이 특징입니다. 이러한 형제자매의 구성, 가족 분위기를 눈여겨볼 필요가 있습니다.

모든 질병은 사회의 거울입니다. 19세기 말 산업화가 한창 진행 중이던 영국 사회를 살펴봅시다. 그 당시 사회 전반엔 강력한 물질주의, 탈신성화된 자연관과 세계관이 번창하고 교육은 단지 엘리트교육을 향해 치닫습니다. 그러니까 이러한 사회 분위기, 모든 인간이 단지 머리를 향해 치달 때, 머리 부분이 퇴화한 인류가 이 세상에 탄생하는데 그것이 다운증후군입니다. 그런데 다운증후군인 사람은 보통 인간과 다른 놀라운 능력을 갖고 있으니, 바로 '사랑의 능력'입니다. 이들은 인간의 머리에 해당하는 부분, 그러니까 지적인 부분이 보통 사람보다 퇴화한 반면 놀라울 정도로 뛰어난 정서 능력을 갖고 있습니다. 그렇기 때문에 이들의 존재는 많은 사람들에게 놀라운 선물을 안겨줍니다.

그러니까 우리 옛이야기 '구렁덩덩 새 선비'에서 할머니가 알을 먹어 구렁이를 낳았다는 설정이 눈에 들어옵니다. 이야기 속에서 할머니는 바로 생명력이 소진된 모체를 상징하고 있는 거지요. 잠시 다운증후군에 관한 이야기를 멈추고, 자폐에 대한 힐돈의 설명으로 바로 옮겨가봅니다.

자폐는 1940년 즈음 처음으로 미국에서 소개되는데요. 자폐의 특징을 개괄해보면 애정과 신체 접촉에 무관심하고, 주변 사람들과 의사소통을 하고 감정을 표현하고 나누는 일에 굉장히 어려움을 보이는 증상입니다. 자기 말을 하기보다 자기가 들은 말을 메아리처럼 계속 반복하거나 기계음 같은 것을 내고, 좌우가 대칭되고 고정불변한 주변 환경을 고집합니다. 외모는 대체로 잘 생겼고 냉정한 표정을 짓고 있습니다. 다운증후군과 완전히 다르게 자폐는 가슴이 없고 머리만 있는 사람으로 표현할 수 있습니다. 가정환경을 보면 지적인 가정이 많고, 특히 부모가 매우 지성적이며, 그에 비해 감정적으로는 차가운 편이라고 할 수 있겠습니다. 감정이 차가운 어머니와 고도로 지성적인 아버지, 그리고 긴장된 부부관계 속에서 자폐아 발생 비율이 높습니다. 어머니가 지적인 일에 과도하게 몰두하건, 부부관계가 긴장되건, 모체의 생명력이 강하게 스트레스로 눌렸을 가능성을 상상해볼 수 있습니다.

역시 1940년 즈음의 미국을 살펴보는 게 의미 있는데요. 이 때 세상은 바야흐로 전기電氣의 시대를 맞이합니다. 복잡한 배선과 회로, 그와 같은 차가운 두뇌 속에 갇혀버린 감정을 가진 존재를 자폐로 연상해볼 수 있겠습니다. 이를 통해 자폐 아이가 어느 한 분야, 특히 수학과 기계 분야에서 학습도 하기 전에 마치 기계적으로 혹은 천재적으로 재능을 보여주는 것을 이해할 수도 있겠습니다. 또 자폐아는 컴퓨터에 광장한 호기심을 보이는데, 인간과의 대화는 거부하지만 기계와는 대화하려 하는 이런 특징을 그 당시의 사회 분위기와 연결시켜 생각해볼 수 있겠습니다. 영화 〈레인맨〉은 자폐의 특징을 아주 정확히 묘사하고 있습니다. 형이 수학을 광장히 잘하지요? 그 영화 중에 형이 우연히 키스하게 되는 장면이 있는데, 나중에 동생이 어땠었느냐고 묻지요? 그랬더니 뭐라고 합니까? 그냥 '축축했다'고 합니다. 절대로 기분이나 감정을 말하지 않습니다. 그러니까 한 개인의 존재성이 차가운 두뇌, 사고 속에 갇힌 것으로 자폐를 이해할 수 있겠습니다.

이렇게 보니, 왜 우리가 똑똑하고 유능한 부모들로 구성된 세대에 자폐와 다운증후군 아기를 맞이하게 되었는지 조금은 이해가 됩니다.

새마을운동이 한창인 시절 태어난 우리 세대는 잘살아보자는 피리 소리에 따라 엄마도 일하러 가야 했기에 엄마젖 대신 분유를 먹기 시작한 세대입니다. 초등학교 시절엔 우유 먹기 운동이 벌어져 날마다 학교로 우유가 배달되었고, 체력은 국력이고 큰 키가 미덕인 세대가 되었지요. "이제 여자도 하기에 따라 대접받고 살 수 있는 시대다. 부지런히 공부해서 떵떵거리며 살거라." 이렇게 말씀하시며 도시락을 두 개씩 싸주시고, 야간자율학습 마칠 때면 밤잠 설치며 마중 나와주시고, 그렇게 딸들을 꽉꽉 밀어주셨지요. 새벽부터 학교에 나와, 하루 종일 가로세로 1m의 공간, 작은 책걸상에 엉덩이를 붙이고, 혹시 누가 말걸까 두려워 이어폰으로 귀를 막고 그렇게 하루를, 아니 삼 년을 보냈지요. 컵라면 발명으로 한 끼 정도는 학교에서 따뜻한 국물도 먹을 수 있게 되었고, 대학에 가니 켄터키 후라이드 치킨이니 맥도널드니 하는 세련된 간식집이 생기고, 피자도 흔하게 먹고, 그런 것 먹으면서

"봐라 봐라, 밥을 안 해도 돈만 있으면 좋은 거 먹는 세상이니, 힘내라 힘내! 공부해서 시험 봐서, 애기엄마로 살지 말고 직장에서 인정받는 전문직 여성으로 살자" 했었습니다. 우리 세대 중에는 운이 좋게 '참교육운동[1]'의 혜택을 받은 사람도 혹 있겠지만, 그 또한 학생들의 생태적 환경과 삶의 질까지 들여다보지는 못했지요. 교육에서 최고의 미덕은 학력이라고 사회 전반이 동의한 시대였던 셈입니다. 산업화와 전산화가 1970년대부터 최근까지 얼마나 빠른 속도로 한국 사회를 재편했는지 우리 자신이 놀랄 정도지요.

그간 우리 교육이 대놓고 엘리트를 지향하면서, 그 교육구조 아래에서 성장한 우리 세대가 고스란히 맞이하고 있는 소통의 부자유는 어찌 보면 당연한 귀결입니다. 그러니까 정도의 차이는 있을지언정 우리 세대 대부분이 가정과 직장에서 자유로운 감정 표현과 소통의 문제, 또 자신의 인격을 구성하고 있는 지적인 부분과 감성적인 부분에서 갈등을 겪고 있습니다. 그리고 그런 우리가 부모가 되었습니다.

우리 아기들을 보면서 우리들은 종종 당황합니다. 우리 자신도 혼란스럽고 두렵습니다. 도대체 무엇을 어떻게 해야 할까요? 지금까지 확실하다고 믿었던 삶의 모든 기반이 한꺼번에 흔들립

---

[1] 1980년대 민족·민주·인간화 교육을 기치로 전국교직원노동조합 결성을 전후해 시작된 교육운동.

니다. 원인도 모르고, 치료법도 알 수 없습니다. 이 새로운 존재와 어떻게 살아갈지, 또 언제까지 이렇게 살아야 할지 아무것도 알 수 없습니다. 확실한 건 우리는 현실에 아직 존재하지 않는 다른 것을 종종 꿈꾼다는 것입니다.

만남

아기를 보러 앞집 정승 댁 세 딸이 찾아왔습니다. 첫째 딸이 침을 퉤 퉤 뱉었어요. "아이고, 더러운 구렁이네!" 둘째 딸이 발을 탕탕 굴렀어요. "아이고, 징그러운 구렁이네!" 그러나 셋째 딸은 이불을 다독거리며 말했어요. "어머나 잘도 생겼네, 구렁덩덩 새 선비네!"

구렁이는 무럭무럭 자랐습니다. 어느 날 구렁이는 할머니에게 말했어요. "어머니, 나 정승 댁 딸한테 장가들래요." "말도 안 되는 소리 하지 마라. 너 같은 구렁이가 어떻게 정승 댁 따님한테 장가를 든단 말이냐?" "장가보내주지 않으면, 가시나무를 한 짐 지고 어머니 배 속으로 도로 들어갈 테요!" 할 수 없이 할머니는 정승 댁으로 찾아갔습니다. 정승은 할머니가 가엾어서 세 딸에게 물었어요. "누가 구렁이 총각한테 시집을 가겠느냐?" 첫째 딸이 펄쩍 뛰며 말했어요. "아이고, 더러운 구렁이한테 어떻게 시집을 가요?" 둘째 딸도 울며 불며 말했어요. "아이고, 징그러운 구렁이한테 어떻게 시집을 가요?" 그러나 셋째 딸은 조용히 말했어요. "제가 가겠습니다."

혼례 날이 밝았습니다. 구렁이가 장가가는 것을 보려고 온 동네 사람들이 정승 댁으로 모여들었어요. 구렁이는 긴 장대를 타고 담을 넘어와서 혼례식을 올렸습니다. 밤이 되어 손님들이 모두 돌아갔습니다. 둘만 남자, 신랑이 각시에게 물었습니다. "집에 삼 년 묵은 꿀 독이 있소?" "예." "삼 년 묵은 간장독도 있소?" "예." "삼 년 묵은 밀가루 독도 있소?" "예." 구렁이 신랑이 꿀 독에 들어갔다가, 간장독에 들어갔다가, 밀가루 독에 들어갔다 나오더니… 구렁이 허물을 벗고 어여쁜 새 신랑이 되었어요. 깜짝 놀란 각시에게 새 신랑이 말했습니다. "놀라지 마시오. 나는 원래 하늘나라 사람인데, 죄를 지어 구렁이 허물을 뒤집어썼다오."

정승집 두 딸의 자세, 혹은 정승과 동네 사람들이 보인 모습은 보통사람들이 장애인을 대할 때의 전형적인 태도입니다. 그들 눈에 장애인이란 그저 징그럽고, 동정거리거나 구경거리지요. 그래도 이야기 속의 할머니는 참 행복하다 하겠습니다. 아들의 저주를 풀 수 있게 해준 맘씨 고운 셋째 딸을 만났으니 말이에요. 그런데 잘 들여다보면, 할머니는 그 셋째 딸을 알아보지 못했어요. 아기를 보겠다고 찾아온 것도 딸들이었고, "너 같은 구렁이가 어떻게 정승 댁 따님한테 장가를 든단 말이냐?" 말하는 할머니에게 가시나무를 한 짐 지고 어머니 배 속에 도로 들어가겠다고 으름장까지 놓으면서 혼인을 구한 것도 구렁이 아들 자신이었지요.

그러니까, 구렁이 아들과 셋째 딸, 두 사람은 정확히 자신의 삶에서의 인연과 과제를 직관했다고 볼 수 있습니다. 이것은 본래 부모의 몫이 아닙니다. 이 세상에 태어나는 모든 아이들에겐, 장애가 있건 없건 상관없이 이 세상에 온 이유와 과제가 있습니다. 부모는 그 과제를 해결할 기회를 줄 뿐입니다. 본래 하늘나라 사람인데 죄를 지어 구렁이 허물을 뒤집어썼다는 새 선비의 말에서 우리가 유추할 수 있듯, 장애라는 현상의 근본적인 원인 또한 부모가 아닙니다. 겉으로 그렇게 보일 뿐 실은 장애라는 어려움을 짊어질 수밖에 없었던 고유한 정신을 가진 존재가 있을 뿐입니다. 그저 부모라는 문을 통해 세상으로 온 거지요. 자신의 삶의 과제를 실현하기 위해서요. 잠시 힐돈 선생님의 사례 중의 하나를 옮겨보겠습니다(이름은 가명입니다).

어느 날 아침, 여느 때처럼 교실에서 아이들을 맞이하는데 다운증후군인 안나가 자폐인 미하엘 곁에 앉아도 되냐고 물었습니다. 그래서 제가 "미하엘이 어떻게 할지 너 알지? 물고 꼬집고 할퀴잖아" 하고 말했지요. 안나는 "네, 다 알아요. 하지만 상관없어요"라고 대답합니다. 그래서 저는 안나에게 생각할 시간을 달라 하고, 너도 하루 더 생각해보라고 했지요. 그날 저는 학부모들에게 전화를 해서 상의하고, 그다음 날부터 안나와 미하엘은 짝이 되었습니다. 무슨 일이 벌어졌을까요? 간식 시간이 되면 안나는 자기가 싸온 빵을 반으로 잘라 미하엘에게 줍니다. 그러면 미하엘은 빵을 건네주는 안나의 손을 깨뭅니다. 그러면 안나는 "뇨, 아파" 그럽니다. 그렇게 매일매일 간식 시간이 진행됩니다.

저는 진심으로 갈등했습니다. 안나가 매일매일 미하엘에게 저런 수모를 당하는 걸 어떻게 언제까지 참아야 하나 싶었습니다. 그렇게 반년이 갔습니다. 물론 중간중간 안나에게 묻기도 하고 짝을 바꿀 수도 있다고 말해주었습니다. 하지만 안나는 항상 미하엘의 짝이었습니다. 그런 어느 날, 또 간식 시간이 돌아왔습니다. 여느 때처럼 저는 미하엘과 안나를 주시하고 있었습니다. 오늘도 또 때리고 할퀴면 이제는 짝을 바꾸어주어야지 하고 말입니다. 두 아이가 자신의 간식통을 열었습니다. 그러더니 미하엘이 자기 빵을 꺼내 둘로 나누어서는 반쪽을 안나에게 주었습니다. 이 장면은 제게 별빛의 순간입니다.

다운증후군 아이에게 복잡한 수학 문제를 푸는 일이 고통스럽듯이, 자폐 아이에게는 자신의 마음을 전달하는 일이 그렇게 어렵습니다. 수학 풀이 과정이 엉망이 되어 아무리 해도 답이 나오지 않을 때 머리가 없어진 느낌이 드는 것처럼, 자폐 아이에게는 누군가가 소리 내어 서럽게 울거나, 혹은 사랑 어린 눈빛을 자기에게 보내도 그것이 자신의 감각기관을 통과하면서 전혀 다른 표상으로 인식되어버려 자기 자신에게 마음이라는 게 있다는 것을 인지하지 못합니다. 이 기묘한 현대의 두 얼굴. 우리 중 누구도 이

두 가지 유형 중 하나에 속하지 않는 이가 없을 것입니다. 그저 정도의 차이가 있을 뿐.

우리 중엔 머리형 인간이 있고 가슴형 인간이 있습니다. 그리고 우리는 머리만 두드러지게 발달한 자폐와 가슴만 두드러지게 발달한 다운증후군을 나와 이웃의 자식으로 이제 만납니다. 내 아이와 아이의 친구로 만납니다. 어떤 아이들은 혀를 입 밖으로 쑥 내밀고 침을 뚝뚝 흘리면서 같이 놀자며 팔을 붙잡고 떼를 씁니다. 또 어떤 아이들은 멀쩡하게 생겼는데 친근감을 보이면 갑자기 난폭하게 소리를 지르고, 안아주려 하면 발버둥칩니다. 보통사람들의 관습화된 행위나 예절이 통용되지 않기 때문에 어떻게 처신해야 할지 굉장히 당황스럽습니다. 이 아이들과의 만남을 내 삶으로 받아들이기 위해선 상상력이 필요합니다. '구렁이'를 '구렁덩덩 새 선비'라고 부를 수 있는 재치 있고 따스한 상상력이 필요합니다.

성장

다시 '구렁덩덩 새 선비'로 돌아가봐요. 구렁이가 어여쁜 새 신랑이 된 걸 알고 언니들은 후회하고 질투했지요. 얼마 뒤 새 신랑은 과거를 보러 먼 길을 떠납니다. 길을 떠나며 신랑은 각시에게 구렁이 허물을 소중히 보관해달라고, 만약 이 허물이 없어지면 영원히 헤어지게 될 거라고 말합니다. 그래서 각시는 허물을 주머니에 넣어 항상 차고 다니는데, 하루는 언니들이 와서 그 주머니 안에 뭐가 들어 있는지 보여달라고 조릅니다. 온갖 말로 협박하고 졸라대는 언니들 등쌀에 하는 수 없이 주머니를 풀어 내주었는데, 주머니를 열자 구렁이 허물을 보고서는 놀란 언니들이 징그럽다며 화롯불에 던져버립니다. 구렁이 허물은 순식간에 타버리고, 그 타는 냄새가 멀리멀리 새 신랑이 있는 곳까지 퍼져갔지요.

아무리 기다려도 새 신랑이 돌아오지 않자, 각시는 새 신랑을 찾아 길을 나섰습니다. 한참을 가다가 까치를 만났어요. "까치야, 까치야, 깍깍 까치야. 큰 갓 쓰고 옥색 도포 입은 구렁덩덩 새 선비님이 어디로 갔는지 아니?" "이산저산 맛있는 벌레를 몽땅 잡아다주면 가르쳐주지." 각시는 이산저산을 샅샅이 뒤져 벌레를 잡아왔어요. 까치는 벌레를 콕콕 찍어먹더니, "이 너머 깍, 저 너머 깍" 하고 울었어요. 까치의 말대로 다시 산을 넘으니, 멧돼지가 꿀꿀거리며 나무를 들이받고 있었어요. "돼지야, 돼지야, 꿀꿀 돼지야. 큰 갓 쓰고 옥색 도포 입은 구렁덩덩 새 선비님이 어디로 갔는지 아니?" "이산저산 맛있는 상수리를 몽땅 주워다 주면 가르쳐주지." 각시는 이산저산을 샅샅이 뒤져 상수리를 주워왔어요. 멧돼지는 상수리를 우둑우둑 깨물어 먹더니, "이 너머 꿀, 저 너머 꿀" 했어요. 멧돼지의 말대로 다시 산을 넘으니, 어떤 할머니가 냇가에서 빨래를 하고 있었어요. "할머니, 할머니, 호호 할머니. 큰 갓 쓰고 옥색 도포 입은 구렁덩덩 새 선비님이 어디로 갔는지 아세요?" "검은 빨래는 희게 빨고 흰 빨래는 검게 빨면 가르쳐주지." 각시는 산더미같이 쌓인 빨래를 다 했어요. 그러자 할머니는 은으로 만든 주발 뚜껑을 냇가에 둥실 띄웠어요. "이걸 타고 가거라."

두 사람 인연의 증거인 구렁이 허물이 없어지자 슬프게도 구렁덩덩 새 선비는 돌아오지 않습니다. 그 뒤 각시는 착하지만 수동적인 정승집 셋째 딸에서 벗어나, 적극적으로 자신의 삶 속으로 뛰어듭니다. 새 선비를 찾아가는 과정엔 온갖 통과의례가 놓여 있어, 그 과정을 거칠 때마다 곱고 여리기만 한 정승집 딸에서 굳고 험한 일도 마다하지 않는 억센 여성이 되어갑니다. 겉모습만 그렇게 변한 것이 아니라, 삶의 지혜와 용기를 자기 내면의 힘으로 만들어갔습니다. 그래서 끝내 냇물을 건너 이 세상 너머에 있는 다른 세상으로 갑니다.

각시를 태운 은주발 뚜껑은 한참 흘러가다 강기슭에 닿았습니다. 아이 하나가 새를 쫓으며 노래를 부르고 있었어요. "후여 후여. 아랫녘 새야, 웃녘 새야, 오늘 일이랑 까먹어도 내일 일일랑 까먹지 마라. 구렁덩덩 새 선비님 내일이면 장가간다." 각시는 그만 가슴이 철렁 내려앉았어요. "얘야, 구렁덩덩 새 선비님이 장가들 집이 어디니?" "저기 저 담장마다 능소화가 늘어진 집이오." 각시는 그 집 앞으로 가서 대문을 두드렸어요. "지나가는 나그네입니다. 하룻밤만 재워주세요." "빈 곳이라곤 헛간밖에 없는데…." "괜찮아요. 재워만 주세요." 각시는 그 집 헛간에서 묵게 되었어요. 한밤중이 되었습니다. 마당에서 나직한 노랫소리가 들렸어요. "달도 달도 밝구나. 저기 밝은 저 달은 우리 각시 보련만은 저기 저 달 따라가면 우리 각시 보련마는." 구렁덩덩 새 선비의 목소리였어요. 각시가 대답했습니다. "각시가 보고프면 헛간으로 가보세요." 깜짝 놀란 구렁덩덩 새 선비가 헛간 문을 활짝 열었습니다. 두 사람은 반가와 어쩔 줄 몰랐어요. 하지만 구렁덩덩 새 선비는 내일이면 이 집 아가씨에게 새로 장가를 들어야 했어요. (중략) 새 선비는 새로 장인 장모가 될 집주인에게 다른 세상 각시가 이곳까지 자기를 찾아왔노라며, 각시가 될 사람이 둘이 되어버렸으니 내기를 해서 이긴 여인과 결혼을 하겠다고 합니다. 다음 날, 각시와 아가씨는 내기를 했습니다. 첫 번째 내기는 굽 높은 나막신을 신고 물을 길어 오는 것이었어요. 각시는 물동이를 이고 사뿐사뿐 걸었습니다. 물동이의 물을 한 방울도 흘리지 않았어요. 아가씨는 물동이를 이고 허둥지둥 달렸습니다. 물동이의 물을 반도 넘게 쏟고 말았어요. 두 번째 내기는 참새가 앉아 있는 나뭇가지를 꺾어오는 것이었어요. 각시는 나뭇가지를 꺾어 화관을 만들어 썼습니다. 화관 위로 참새들이 날아와 앉았어요. 아가씨는 참새를 손으로 움켜잡으려 했습니다. 참새들은 모두 다 날아가버리고 빈 가지만 달랑 남았습니다. 세 번째 내기는 호랑이 눈썹을 세 개 뽑아오는 것이었어요. 각시는 산으로 올라 갔습니다. 커다란 나무 밑에서 호랑이 한 마리가 자고 있었어요. 겁이 더럭 났지만 용기를 내서 눈썹을 세 개 뽑았습니다. 아가씨는 산에 갈 생각은 하지도 않았습니다. 동네를 어슬렁어슬렁 돌아다니다가 돼지 눈썹, 말 눈썹, 개 눈썹을 하나씩 뽑아 왔어요. 각시가 이겼습니다. 그 래서 각시와 구렁덩덩 새 선비는 동동 새 각시, 동동 새 신랑이 되어 오래오래 행복하게 살았답니다.

하늘나라의 일로 인간 세상에서 구렁이 허물을 뒤집어쓰고 태 어나야 했던 새 선비는 그 저주가 풀리고, 또 인간 세상에서의 삶 의 과제를 표상하는 구렁이 허물이 사라지자 순식간에 저 세상으 로 가버릴 수밖에 없었던 거지요. 어쩌면 구렁이 허물이라는 외 적인 신체장애는 새 선비가 인간 세상에 존재하기 위한 필수 전 제조건이었나 봅니다. 인간 세상의 다음 세상에서 그는 곱고 아 름다운, 그래서 그 세상의 귀한 존재들이 기꺼이 짝을 이루고 인 연을 맺고 싶어 하는 고귀한 구렁덩덩 새 선비로 불립니다. 인간 세상에서 각시가 붙여준 새 이름의 힘이 다음 세상에서 구렁덩덩 새 선비로 살게 해주었을까요?

그런데 이 우리 옛이야기 '구렁덩덩 새 선비'는 사실 구렁이 총 각이 아니라 정승집 셋째 딸의 놀라운 성장 과정에 초점이 있습 니다. 당연히 구렁이 총각은 정승집 셋째 딸이 없었다면 새 선비가 되지 못했겠지만, 셋째 딸도 구렁이 총각이 없었다면 자신의 존재를 그토록 놀랍게 성장시킬 수 없었겠지요. 두 사람의 만남, 그 자체가 모든 가능성을 품은 씨앗이었던 것입니다. 그녀는 처음 아기를 구경하러 왔을 때, 다른 사람들처럼 구렁이라는 외적인 신체장애를 징그럽다느니 더럽다느니 하여 영혼의 장애로 만들지 않고, "어머나, 잘도 생겼네. 구렁덩덩 새 선비네" 하고 영혼의 고결함을 밝혀주었습니다.

우리 주변에 장애 아기가 태어났다고 생각해봅시다. 그 아기를 맞이하는 병원과 의료진, 가족들 모두 원인과 시비를 따지고 치료를 걱정하기 이전에, 우선 이 각시처럼 아기에게 이야기를 해줄 수 있다면 얼마나 좋을까요? 어떤 아기라도 탄생은 그 자체로 경건한 것이고, 축복받아야 하는 것이니까요. 예수의 탄생도 그렇지 않습니까? 그는 마굿간에서 동물들의 먹이 그릇인 구유에 태어났지만, 동방박사가 찾아와 "세상의 빛, 새로운 왕"이 될 거라고 축복해주었고, 그래서 그는 진정으로 세상의 빛이 되지 않았습니까? 구렁이 총각도 각시가 혼례를 받아들이자, 그러니까 구렁이 총각의 장애를 자신의 삶으로 받아들이자, 허물을 벗고 그녀의 말대로 구렁덩덩 새 선비로 변하지요. 그 뒤 주변 사람의 시기와 방해로 이어지는 고난에서도, 삶의 통과의례를 거치면서 그녀는 놀랍도록 지혜롭고 신중하고 또 한편 용기 있는 인격체로 성장합니다.

본래 하늘나라 사람이었기에 한 번의 사랑으로 구렁이 허물을 벗고 다시 저세상(하늘나라 내지는 피안)으로 갈 수 있던 새 선비와 달리 본디 평범한 인간, 그것도 여인으로 태어나 구렁이와 결혼하게 되는 자신의 운명을 받아들이고, 또 거기에서 나아가 삶을 스스로 개척하여 하늘나라 혹은 피안의 여인과 대결해서도 이길 수 있을 만큼 신적인 존재로 성장한 것입니다. 그러니까 우리가 상상력을 가지고 생각해보면, 장애를 가진 사람을 가족으로 두었다는 것은 바로 이러한 놀라운 가능성이 있는 삶을 선물받은 것이고, 동시에 장애를 내치지 않고 끌어안는 사회는 바로 이러한 신비한 성장의 가능성을 품고 있는 것이지요.

왜 구렁덩덩 새 선비는 각시에게 구렁이 허물을 간직하라고 했을까를 좀 더 고민해보면서 한 발짝 더 나아가보아요. 아무리 새 선비가 되었더라도 이 세상에 사는 한 그 허물을 버릴 수 없다는 것인데, 결국 구렁이 총각은 이 세상에 사는 한 구렁덩덩 새 선비가 되더라도 구렁이라고 저는 모순되게 말하고 싶습니다. 그러니까 애초에 존재의 본질은 새 선비이지만 형식은 구렁이란 말이지요. 구렁이를 둘러싼 성숙한 의식이, 혹은 주변인의 의식이 성장하면서 형식 안에 담긴 본질을 꿰뚫어보고, 그 본질의 힘과 아름다움이 외적으로 발현될 수 있도록 해준 것이 혼례로 인해 새 신랑이 되는 과정으로 은유되었다고 하겠습니다.

여기서 우리는 다운증후군을 다룬 영화 〈제8요일〉과 자폐를 다룬 〈레인맨〉을 함께 생각해볼 만합니다. 영화의 마지막을 떠올려봐요. 다운증후군인 조르주는 결국 이 세상을 등지고 말지만, 조르주로 인해 아리가 변화하고, 그래서 아리는 따뜻한 가정을 되찾을 수 있게 되지요. 자폐인 레이먼은 어떻고요. 그는 동생과의 뭉클한 이별의 순간에조차 텔레비전에 멀뚱히 눈을 박고만 있을 뿐이지만, 동생 찰리가 가족의 의미와 사랑에 눈뜨게 해주지요. 그래서 하느님이 여덟 번째 날 다운증후군인 조르주를 만들었다는 영화 〈제8요일〉의 대사는 그 자체로 진리입니다.

장애인은 자신의 장애를 치료해달라고 이 세상에 온 것이 아니라, 우리를 치유해주러 온 것입니다. 그러니 특수교육 내지 장애인과 더불어 사는 삶에서 가장 중요한 자세는 내가 장애인을 변화 또는 교육시키겠다는 것이 아니라 그들과 만남을 통해 내 삶을 변화시키겠다는 자세입니다.

고통을 넘어

이제 글을 맺어야 할 것 같습니다. 당장 현장에서 혹은 생활 속에서 늘 장애아를 만나는 부모님과 교사들에겐 보다 갈급한 부분이 있을 텐데, 제 경험과 능력의 미천함이 스스로도 안타깝습니다. 마지막으로 이 글을 쓰려 결심했을 때 꼭 하고 싶었던 말을 하고 마치겠습니다. 우리 세대는 이제 우리의 개인적인 고통에 대해 용기 내어 발언해야 한다는 것입니다. 우리 세대 전체가 앓고 있는 괴로움, 그러니까 장애 혹은 아토피가 있는 아이를 두었거나 성인이 되어 대인관계의 어려움을 겪거나 하는 모든 것이 숨겨야 하거나 홀로 짊어져야 할 개인적 실패가 아니라 사회가 함께 책임지고 풀어야 할 공적인 문제라는 것을 저는 꼭 말하고 싶습니다.

예를 들어 신생아의 절반이 아토피를 앓는 이 나라의 슬픈 현실 속에서, 자녀의 아토피를 계기로 생활방식을 강하게 바꾼 부모들의 그 각성된 의식이 유치원이나 학교에서 아이들 먹거리와 생활환경을 개선시킬 수 있는 힘이 되면 좋겠습니다. 또, 장애아를 가진 부모들의 성숙한 의식과 생생한 경험이 '정상'으로 태어난 아이조차도 과도한 감각의 자극과 조기교육으로 유사자폐와 같은 장애가 있는 삶으로 인도되는 우리의 현실을 돌아보게 하고 깨닫게 해주는 약이 될 수 있을 것입니다. 더 나아가 생태적 고려가 전무한 학교의 환경과 일과표, 연중 계획, 이런 것들에 대해 우리가 진정으로 깨어 있는 의식을 가지고 아이들의 삶의 권리를 회복시켜주는 길로 나아갈 수도 있겠지요.

무엇보다 우리 주변에 점점 더 많이 태어나는 다운증후군 아기와 자폐아라는 고마운 존재를 통해, 유전자 조작과 인공지능 그리고 디지털 세상 속에서 우리 자신도 종종 잃어버리곤 하는 '인간이란 무엇인가?'에 대한 질문을 품을 기회를, 우리 사회와 교육이 그 답을 구하기 위해 용기를 낼 기회를 갖게 되기를 바랍니다. 그리고 어느 방향으로 삶의 나침반을 다시 놓아야 할지, 더 늦기 전에 다음 세대의 '사람다운 삶'의 조건을 회복하는 길을 모색할 수 있기를 진심으로 바랍니다.

(vol. 55, 2008. 1-2)

ADHD, 아이들이 덮어쓴 '피박'

ADHD는 사회적 현상이다

요즘 세상은 아이들을 제 리듬대로 살 수 없도록 내몬다. 분만 촉진제를 맞고 떠밀리다시피 세상에 나와, 성장촉진제 먹고 자란 소젖을 먹으며 자라고, 선행학습 하느라 어려서부터 학원들을 뺑뺑이 돌아야 하는 것이 요즘 아이들의 운명이다. 두 발 달린 동물로서 제대로 뛰어놀지도 못하고 자라는 아이들 신세가 목줄에 묶여 제자리를 뱅뱅 돌 수밖에 없는 강아지 신세나 진배없다. 이

현병호 _ 『민들레』 발행인. 『스스로 서서 서로를 살리는 교육』 『반지성 주의보』를 썼고, 『재난의 시대, 교육의 방향을 다시 묻다』 외 여러 권을 함께 썼다. 옮긴 책으로는 『마지막까지 살아남은 사람』 『소통하는 신체』가 있다.

런 상황에서 유난히 에너지가 넘치는 아이들은 ADHD(Attention Deficit Hyperactivity Disorder, 주의력결핍과잉행동장애)라는 딱지가 붙어서는 치료 대상이 되기도 한다.

주로 초등학교에서 학교생활에 적응하지 못하면서 문제가 되고 있는 ADHD 아동의 수는 2000년대 들어 눈에 띄게 늘어나 사회 문제가 되고 있다. 어떤 두드러진 사회 현상은 수많은 사회적 조건들이 씨줄과 날줄로 직조되어 나타난다. ADHD 문제 또한 마찬가지다. 경제성장과 경쟁의 심화, 육아 방식과 생활 환경의 변화, 학교 환경의 변화, 의료 산업 팽창, 전자미디어 발달 같은 다양한 조건들이 맞물려 ADHD라는 새로운 사회 현상을 빚게 되었다.

미국에서 1990년대 들어 ADHD가 본격적으로 사회 문제가 된 것은 그 무렵 지구촌을 휩쓸기 시작한 신자유주의 흐름과 무관하지 않다. GATT(관세 및 무역에 관한 일반 협정)가 발효되고 일자리가 줄어들면서 중산층 부모들이 자녀의 학업 성적에 목을 매기 시작한 시기다. 한편 인공지능 기술이 발달하면서 산업 전 분야에 걸쳐 일기 시작한 자동화 바람은 일자리를 대폭 줄어들게 만들었다.

고용불안 사회로 진입하는 것과 부모의 불안도가 높아지는 것은 비례한다. 우리 사회에서 ADHD가 주목을 끌기 시작한 것은 1990년대 말에 터진 구제금융 사태 이후다. 생존의 위협에 맞닥

뜨리게 되면서 중산층 부모들은 아이의 학업 성적에 더 민감해졌다. 맞벌이가 늘어나면서 아이들은 젖먹이 시절부터 엄마의 품을 떠나 불안에 시달리며 조기교육 시장으로 내몰리게 되었다.

구제금융 사태는 다른 한편으로는 교사군의 변화를 낳았다. 하루아침에 거리로 나앉는 직장인들을 보면서 안정된 직장을 선호하게 된 이들은 너도나도 교직으로 몰려들었다. 때마침 교원노조의 활약으로 교원복지 수준이 급격히 향상되어 교직은 더욱 인기 직종이 되었다. 이전에도 대체로 모범생들이 교사가 되었지만, 이제는 내신 1등급이 아니면 교직은 꿈도 꾸기 힘들어졌다. 더욱이 교사 수요가 줄어들면서 임용고시 경쟁률이 치솟아 시험 공부에 올인하지 않고서는 교대나 사범대를 나와도 교사가 되기 힘든 상황이 되었다.

그렇게 학교체제에 빈틈없이 적응해서 교사가 된 이들이 학교에 적응하지 못하는 아이들을 이해하기란 쉽지 않은 일이다. 학교체제와 도무지 어울리지 않는 아이들의 행동은 이 교사들에게 병리적 현상으로 읽히기 십상이다. 게다가 초등학교에 여교사들이 대폭 늘어난 것은 활동적인 남자아이들에게는 매우 '운이 나쁜' 상황이다. 여교사가 일등 신붓감으로 등극하면서 초등 여교사의 비율이 80%를 넘어서게 되었다. 운동장 수업을 기피하는 일부 여교사들로 말미암아 아이들은 학교에서도 몸을 놀릴 기회를 점점 잃어가고 있다.

과잉행동장애를 앓는 강아지

70년대만 해도 아이들에게는 놀이터가 따로 필요치 않았다. 골목이든 운동장이든 강가든 아이들이 모이는 곳이 곧 놀이터였다. 80년대 들어 곳곳에 아파트가 들어서면서 골목길이 사라지고 차들이 길을 점령하면서 아이들은 골목을 떠나 학원으로 향했다. 학원을 뺑뺑이 도느라 방과후에도 제대로 뛰어놀 수 없게 된 아이들에게 학교 운동장도 더 이상 노는 공간이 아니게 되었다.

옛날에는 체육 시간 외에도 운동장에서 하는 활동이 많았다. 아침 조례는 꼼짝 않고 서 있기 훈련을 하는 시간이었지만, 다른 활동들은 아이들이 지칠 정도로 몸을 움직이게 만들었다. 학교 구석구석을 청소하는 일은 물론, 운동장의 잔돌을 줍는 것도 아이들 몫이었다. 가을운동회는 연습만도 한 달을 넘게 해서 아이들의 진을 빼놓았다. 간식도 없어서 아이들은 오후의 허기를 수돗물로 달래며 매스게임 연습을 하곤 했다.

그래도 그 시절 아이들에게 운동장은 교실보다 훨씬 좋은 교육 공간이었다. 누가 시키지 않아도 아이들은 쉬는 시간이 되면 대부분 운동장으로 뛰어나가 1분 1초가 아깝도록 뛰어놀았다. 그 10분 남짓한 짧은 시간 동안 아이들은 몸놀이를 하면서 몇 번 죽었다 살아났다. 그렇게 어울려 몸을 부대끼며 노는 가운데 몸도 마음도 성장했다. 10분 새 몇 번 죽었다 살아났으니 40분쯤 죽은 듯 지내는 것은 쉬운 일이었는지도 모른다.

70년대만 해도 초등학교 한 반 정원이 보통 60~70명이었다. 그래도 교실이 모자라 오전 오후로 나눠 2부제 수업을 해야 하는 지역이 수두룩했다. 교실에는 한 사람이 겨우 걸어 다닐 정도의 간격으로 책상들이 빼곡하게 들어차 있어 교실에서 돌아다니는 일은 엄두도 못 내는 상황이었다. 지나친 밀집도는 생명 활동에 좋지 못한 환경이다. 그래도 쉬는 시간이 되면 넓은 운동장에서 마음껏 뛰어놀 수 있었기에 그 콩나물시루 같은 교실에서도 꼼짝 않고 견딜 수 있었을 것이다.

요즘 아이들은 쉬는 시간이 되어도 운동장에 나가 놀지 않는다. 오늘날 학급 정원이 대폭 줄어든 것도 아이들이 교실에서 놀게 만드는 한 요인일 것이다. 옛날과 같은 공간에 정원이 절반 이상 줄었으니 교실의 반이 공터가 된 셈이다. 예전에는 수업 시간에 교실을 돌아다니는 것은 물리적으로도 가능하지 않은 일이었지만, 이제는 수업 시간에 돌아다니기도 하고 쉬는 시간이면 교실이 놀이터가 되다시피 한다. 놀이 문화 자체도 바뀌었다. 쉬는 시간에도 손가락만 꼼지락거리면서 게임기에 빠져 있거나 교실에서 떠들고 노는 아이들이 대부분이다.

너무 일찍부터 부모와 멀어지고 대신 영상기기와 더 가까워진 아이들, 골목과 놀이친구를 잃어버리고 대신 학원선생님을 만나는 아이들은 더 이상 몸을 놀려 놀지 않는다. 많이 움직이고 적게 먹을 수밖에 없었던 예전에는 다들 깡마른 체형이었지만, 요즘엔 많은 아이들이 비만 증상을 보인다. 몸 놀리기를 싫어할 수밖에 없는 조건이다. 예전 아이들이 쉬는 시간이면 몸이 근질거려 가만있지 못했다면, 지금 아이들은 몸을 제대로 놀리지 않으니 늘 몸이 근질거리는 것인지도 모른다.

예나 지금이나 아이들의 몸은 하루하루 자라는 몸이다. 한창 자라는 몸이 요구하는 활동성이 억압당하면 몸은 스스로 움직임을 만들어내게 된다. 발육기에 있는 동물들은 눈 뜨고 있는 동안에는 잠시도 가만히 있지 못하고 몸을 놀리는 것이 공통된 특징이다. 아이들도 네 발 달린 동물이다. 옛날에는 과잉행동장애를 앓는 아이들도, 강아지도 없었다. 그런데 최근 실내에서 키우는 반려견들 중에는 과잉 행동 증세를 보이는 개들이 있다고 한다. DNA가 바뀐 게 아니라 사회적 조건이 바뀌었기 때문에 과잉행동장애라는 새로운 질병(?)이 나타난 것이라면 먼저 그 조건들을 살필 일이다. 아이들에게 약을 먹이기 전에.

의료 산업의 팽창과 ADHD

ADHD 진단을 받는 아이들이 급격히 늘어나고 있는 현상의 이면에는 현대 의료 산업의 변화도 한몫하고 있음을 눈여겨볼 필요가 있다. 1980년대까지만 해도 우리 사회에는 의사 수가 절대적으로 부족했고, 정신과의사는 더욱이나 귀했다. 결핵 퇴치가 국가 차원의 의료 사업이던 시대였다. 학교에서는 기생충과 싸우기에도 벅찬 시절이었다. 먹고살기에도 바쁜 시대여서 사람들은 웬만해서는 아프지도 않았고, 아파도 병원이나 약국을 찾는 이가 드물었다. 의료 수요가 적었던 만큼 공급자들도 많지 않아 당시의 제약회사나 병원들은 요즘처럼 치열한 경쟁을 하지 않아도 되었다.

오늘날 ADHD 치료제인 리탈린은 구충제만큼이나 흔한 약이되었다. ADHD는 현대 제약산업이 새롭게 개척한 시장이라고도볼 수 있다. 리탈린 생산량은 1990년대 십 년 동안 8배나 늘어났다. 미국정신의학협회가 과잉 행동hyperactivity 증상이 없는 ADD를ADHD에 포함시키는 쪽으로 진단 기준을 개정한 1994년 이후,ADHD 진단을 받는 아이들이 급격히 늘면서 제약회사, 클리닉,상담센터 같은 관련 산업 역시 폭발적으로 늘어났다.(『이 아이들이 정말 ADHD일까』 214쪽)

이런 배경에는 ADHD 환자를 지원하는 미국의 비영리 민간단체인 채드(CHADD, Children and Adults with ADHD)의 역할도 한몫한 것으로 드러난다. 이 단체는 샤이어, 릴리, 노바티스 같은ADHD 제약회사들로부터 해마다 70만 달러 이상을 후원받고 있다고 한다. ADHD의 원인에 대해 과학적으로 확실하게 밝혀진바가 없음에도 채드는 ADHD가 매우 강한 신경학적인 근거를 갖고 있으며, 가장 효과적인 치료법은 약물치료라는 입장을 표명하고 있다.

ADHD 약물 사용이 폭발적으로 증가하는 양상을 추적하던 미국 정부 마약단속국DEA은 1995년에 이런 경고를 하기도 했다. "시바-가이기(당시 리탈린을 생산하던 제약회사. 현재는 노바티스에서 제조판매하고 있다)와 채드의 관계가 사람들로 하여금 리탈린을 더 많이 복용하도록 강력한 동기를 제공하고 있다는 점에서 심각한 우려를 낳고 있다."(『질병 판매학』 226쪽)

최근 ADHD 시장은 성인에까지 확대되고 있다. "마음이 산란하십니까? 부주의하십니까? 좌절을 느끼십니까? 단순히 현대인의 숨 가쁜 삶 때문일까요? 어쩌면 성인 주의력결핍장애인지 모릅니다." 성인 ADHD 치료제로 알려진 스트라테라를 생산하는 릴리의 광고 문구다. 이 약물은 2003년 첫 6개월 동안 100만 개 이상이 판매되었다. 한편 채드는 2004년 연례회의에서 주의력결핍장애가 평생 지속되는 장애라는 것을 이해시키는 데 초점을 둬야 한다고 강조했다.

『질병 판매학』에서는 환자와 그 가족을 통해 병을 홍보하는 마케팅 전략의 대표적인 사례로 채드와 제약회사의 관계를 꼽는다. 제약회사들도 치열한 경쟁에서 살아남기 위해 마케팅을 하지 않을 수 없는 노릇이겠지만, 정상적인 노화 과정조차 질병으로 받아들이게 하는 제약회사들의 마케팅 수법은 대중의 건강을 위한

구분	2013	2014	2015	2016	2017
전 체	58,132	52,199	49,263	49,322	52,994
	–	(−10.2)	(−5.6)	(0.1)	(7.4)
0~4세	387	424	405	363	322
	–	(9.6)	(−4.5)	(−10.4)	(−11.3)
5~9세	16,295	13,909	13,281	13,561	14,284
	–	(−14.6)	(−4.5)	(2.1)	(5.3)
10~14세	25,238	21,566	18,622	17,254	17,978
	–	(−14.5)	(−13.7)	(−7.3)	(4.2)
15~19세	13,073	12,632	12,529	12,313	12,196
	–	(−3.4)	(−0.8)	(−1.7)	(−1.0)
20~24세	1,545	1,890	2,418	3,054	3,958
	–	(22.3)	(27.9)	(26.3)	(29.6)
25~29세	636	686	801	1,082	1,795
	–	(7.9)	(16.8)	(35.1)	(65.9)
30세 이상	958	1,092	1,207	1,695	2,461
	–	(14.0)	(10.5)	(40.4)	(45.2)

주) 괄호 안의 숫자는 전년 대비 증감률(단위: 명, %)

연령별 ADHD 증감률(출처: 국민건강보험공단)

것이라기보다 기업의 이익을 우선하는 처사라고 보는 것이 맞을 것이다.

우리나라의 사정도 크게 다르지 않다. ADHD 부모 모임의 대체적인 입장은 약물치료를 옹호하는 쪽이다. 아이들이 자라나면서 최근에는 성인으로까지 약물치료 대상이 확대되고 있다. 보건복지부는 2013년 1월부터 얀센의 콘서타와 릴리의 스트라테라 처방 시 보험급여 인정 연령을 기존 6~18세에서 18세 이상 65세 이하 성인까지로 확대했다. 건강보험공단 발표에 따르면 국내 ADHD 환자 수는 2009년 약 6만4천 명으로 2003년 이후 6년 사이 2배 이상 증가한 것으로 나타났다. 여기에 2013년부터 성인까지 확대 적용되는 「DSM-5」(정신장애 진단 통계 편람) 기준에 따르면 전체 성인의 5% 정도가 ADHD에 해당되는 것으로 나타난다. 통계상으로도 2013년 이후 성인 ADHD 환자 수가 빠르게 늘고 있다.[1]

우리나라의 경우 2000년대 들어 정신과의사가 늘어나고 제약 업계 경쟁이 치열해지면서 ADHD가 의료계의 새로운 시장으로 떠올랐다고 볼 수 있다. 더욱이 2010년 이후 생활보호대상자 자녀들도 정부 지원으로 소아정신과를 찾을 수 있게 되면서 시장은 더 확대되고 있다. 부모의 돌봄을 제대로 받지 못한 채 갓난아이 시절부터 영상매체에 지나치게 노출되어 정서가 불안하고 산만한 아이들의 경우 십중팔구 ADHD 진단을 받게 된다. 아이의 성장 환경을 개선하는 근본적인 대책을 세우기보다 아이에게 알약을 먹여 잠잠하게 만드는 것이 손쉬운 해결책이긴 할 것이다.

짜고 치는 고스톱과 ADHD

이처럼 ADHD는 아이들의 문제라기보다 우리 사회 전체의 문제라고 봐야 한다. 경제, 문화, 교육, 의료 등 사회 전반의 변화가

---

1 건강보험공단은 2016년 이후 ADHD 환자 수가 증가한 이유가 2016년 9월부터 기존 6~18세에만 적용되던 ADHD 약제 보험 혜택이 65세 이하로 확대된 데 있다고 분석한다.

맞물려 마치 짜고 치는 고스톱처럼 모든 조건들이 입을 맞추기라도 한 듯이 딱딱 맞아 들어가 마침내 이런 현상이 벌어지기에 이른 것이다. 말하자면 짜고 치는 고스톱판에서 ADHD 아이들이 억울하게 피박을 덮어쓴 것이라고도 볼 수 있다. 가장 약하고 운이 나쁜 사람이 피박을 쓰게 되는 법이다.

ADHD 약물치료는 기본적으로 아이를 위한 것이라기보다 학교를 위한 것이다. 물론 산만하지 않은 다른 아이들이 수업에 방해받지 않도록 하는 조치이기도 하겠지만, 기본적으로는 학교 시스템이 돌아갈 수 있도록 하는 손쉬운 해결책인 셈이다. 여기에 부모의 불안이 가세한다. 아이가 초등학교에 들어가 학교에 적응조차 하지 못한다는 이야기를 들은 엄마의 불안은 교사의 권유와 의사의 처방에 쉽게 굴복하게 만든다. 일등을 해도 시원찮을 판에 주의력 결핍이라니…. 리탈린은 각성제 성분 때문에 '공부 잘하게 하는 약'으로 알려지면서 이제는 멀쩡한 아이들도 복용하기에 이르렀다.

ADHD 치료약이라는 것은 사실상 치료하는 약이 아니라 그저 증상만 사라지게 만드는 각성제의 일종이다. 그것도 마약 성분이 들어 있는, 부작용이 심각한 약물이다. 『이 아이들이 정말 ADHD일까』 저자 김경림은 이렇게 말한다. "ADHD는 개인의 주의력 결핍, 과잉 행동의 문제가 아니라 우리 사회의 인간에 대한 이해 결핍, 과잉 불안이 빚어낸 문제"라고. 오히려 ADHD 아이들의 경우

창의성이 뛰어나고 정서적 직관력이나 공감 능력이 발달한 아이들이 많다는 연구 결과도 있다.

학교에서 두드러지는 '주의력 결핍' 증상은 학교의 학습 환경이 주의를 끌 만큼 흥미롭지 못한 탓일 수도 있다. ADHD 증상을 보이는 아이들의 경우 '프로그램'에 대한 거부 반응이 유난히 두드러진다. 아무리 좋은 프로그램이라 해도, 설령 몸을 많이 움직이는 프로그램이라 할지라도 어떤 정해진 과정을 좇아가야 하는 활동에 본능적으로 거부감을 보이는 경우가 많다. 이 아이들은 자신의 리듬대로 움직이는 것을 유달리 좋아한다. 이 아이들에게는 무엇보다 텅 빈 시간을 주는 것이 가장 필요한 일일 수도 있다. 사실 그런 시간은 모든 아이들, 아니 모든 인간에게 꼭 필요한 시간이다.

'과잉 행동'이라는 딱지가 붙은 아이들의 상당수는 좀 더 에너지가 많고 활동적인 아이일 따름일지 모른다. 이전에는 그저 '나대는' 아이 정도로 봐줬던 아이들을 오늘날에는 환자나 장애아 취급을 하게 되었다. 하지만 시스템에 맞지 않다고 해서 아이에게 문제가 있다고 단정하는 것은 지나치게 섣부르고 일방적인 조치다. 몸을 놀려 충분히 놀지 못한 아이들에게 ADHD 증상이 나타난다는 사실은, 대안학교로 옮겨 가거나 시골로 산촌유학을 가서 자연 속에서 마음껏 뛰어노는 동안 저절로 증상이 사라지는 아이들이 많다는 사실에서 역으로 유추할 수 있다. 자기 리듬대

로 살면서 충분히 몸을 놀릴 수 있는 환경에서는 약을 먹지 않고
도 정상적으로 지내는 아이들이 많다.

놀이판의 깍두기와 ADHD

이렇게 피박을 덮어쓴 아이들에게 광을 팔 기회를 줄 수는 없
을까? 도박판에도 인정은 있는 법이다. 누가 피박을 쓰고 아주 퇴
출되어버리면 판 자체가 성립하지 않으므로 다양한 장치들을 마
련해두고 있는 것이다. 이는 판을 더 재미있게 만드는 방법이기
도 하다. 이 사회가 하나의 거대한 게임판이라면 ADHD도 장애
아도 피박을 쓰고서 퇴출되는 것이 아니라 함께 어울려 놀 수 있
는 장치를 마련해야 하지 않을까?

예전 아이들 놀이에서는 '깍두기'라는 룰이 있었다. 놀이에 서
툰 어린 동생이나 친구를 이쪽 저쪽 편에 다 낄 수 있게 배려한
것이다. 통합교육 아닌 통합놀이라 할 수 있을까? 깍두기인 아이
는 그렇게 두 배로 놀 수 있어 놀이 기술을 더 빨리 익힐 수 있었
다. 이는 놀이판에서 누구도 소외되지 않도록 배려하는 것이기도
했지만 양편의 전력을 균등하게 만들기 위한 장치이기도 했다.
아이들 스스로 고안해낸 지혜였다. 이기는 것이 목적이 아니라
다 함께 재미있게 노는 것이 목적임을 아이들은 본능적으로 알고
있었다.

그렇게 깍두기라는 현명한 제도를 고안해내기도 했던 아이들이 어른이 되어 어쩌다 이렇게 빡빡한 사회를 만들게 되었을까. ADHD 아이든 장애아든 깍두기로 끼워주기는 고사하고, 광 팔 기회조차 주지 않고 치료 대상으로 만들어 퇴출시키기에 바쁜 것이 오늘날 우리 사회다. 어린 시절의 그 지혜를 잃어버린 채 이렇게 죽기 살기로 살고 있는 우리들의 자화상을 새삼 들여다볼 일이다. 구제금융 사태 때문만은 아닐 것이다. 이기는 것이 삶의 목적이 되어버렸다. 그보다 그저 살아남는 것이 목적이 되었다고 해야 할까.

이 세상이 사실상 하나의 거대한 놀이판임을 깨닫게 되면, 삶이란 것이 이처럼 이기고 지는 문제도, 살아남기 위해 노심초사해야 하는 일도 아님을 알게 된다. 삶과 놀이는 원래 죽음을 전제로 한다. 아이들은 죽어도 곧 새로운 판에서 다시 살아날 것을 알기에 마음 놓고 놀이에 뛰어든다. 놀이 속에서 삶과 죽음의 경계를 수시로 넘나들면서 삶의 기술을 익혔던 셈이다. 심각한 얼굴을 하고서 죽기 살기로 살고 있는 우리 모습을 제대로 보게 되면 어디에서부터 스텝이 꼬였는지를 깨닫게 될지 모른다.

ADHD든 다른 무엇이든 아이의 문제로 삶이 꼬였다고 느끼는 이라면 어린 시절의 유희 정신을 되살려볼 일이다. 고무줄놀이를 하듯 가볍게 고무줄을 밟으면서 춤을 춰보자. 한순간 스텝이 꼬여 고무줄을 놓쳤다고 해서 주저앉는 아이는 없다. 다음 놀이판에서 다시 살아날 수 있기 때문이다. 우리는 놀기 위해 태어난 존재들이다. 아이들만 그런 것이 아니다. 삶 그 자체가 놀이임을 자각하면 잠시 스텝이 꼬인 것쯤은 웃으며 넘길 수 있다. 다시 춤추면 되는 것이다. 설령 짓궂은 남자애가 고무줄을 끊고 달아난다 해도 다시 이어서 놀면 된다. 우리의 삶도 고무줄처럼 질기고도 유연하다. 고무줄놀이를 했던 그 마음으로 삶을 돌아보자. 다음번에 스텝을 제대로 밟을 수 있으려면 어느 대목에서 스텝이 꼬였는지를 잘 살펴야 한다. 성찰의 힘이 요구되는 지점이다.

(vol. 87, 2013. 5-6)

우리가 통합교육에 실패한 까닭

내 아들은 곧 중학생이 되는 사춘기 청소년이다. 지적장애 정도가 심한 자폐성 장애인이기도 하다. 아들과 함께하는 삶은 매일이 시트콤이다. 화나고 슬픈 일이 수시로 일어나지만 웃음이 나고 행복한 일은 그보다 더 자주 일어난다. 가면을 쓰지 않는, 한없이 투명한 아들 옆에 있으면 나 역시 페르소나를 벗어던지고 본연의 나로 돌아간다. 세상살이에 찌든 내 마음이 아들에게 위로받는 느낌이다. 발달장애를 가진 아들은 그렇게 존재 자체로 주변 온도를 따스하게 덥힌다.

류승연 _ 전직 정치부 기자이자 현직 작가. 발달장애 아들과 비장애 딸을 키우는 쌍둥이 엄마다. 저서로 『사양합니다, 동네 바보 형이라는 말』 『다르지만 다르지 않습니다』 『배려의 말들』이 있다.

하지만 세상 모든 이의 마음이 나 같지는 않을 터. 어떤 세상은 아들을 받아들일 준비가 부족했고, 그런 세상을 만날 때마다 아들은 거부당하는 경험을 해야 했다. 슬픈 사실은 아들이 거부당한 첫 번째 세상이 '학교'라는 공교육의 장이었다는 것이다.

아들은 왜 통합교육에 실패해야만 했을까? 성공할 수 있었던 다른 방법은 없었던 것일까? 아들이 겪어온 일들을 되돌아보며 원인을 찾아보려 한다. 정확한 원인을 알고 나면 미리 준비하거나 다른 대안을 제시할 수 있을 것이고, 그러면 발달장애학생과 비장애학생의 통합교육이 앞으로 달라질지도 모르니까. 아들의 경험이 타산지석이 되어 누군가에게 도움이 될 수 있다면 아팠던 과거도 그 나름의 의미를 지니게 될 것이다.

죄송하다는 말 대신

초등학교 입학을 앞두고 고민이 많았다. 특수학급이 있는 일반학교에 가서 통합교육을 시킬 것인가 아니면 처음부터 특수학교로 가 전문적인 특수교육에 매진할 것인가. 막막하고 답답한 마음에 이리저리 고민하다 당시 언론에서 자주 보던 유명한 특수학교 교무실에 무작정 전화를 걸었다.

이러이러한 고민 중이라며 대체 어떻게 하면 좋을지 모르겠다는 내 말에, 우연히 수화기를 든 교감선생님은 이렇게 말했다.

"어머니, 만약 아이를 저희 학교에 보내실 거면 환영합니다. 아이는 좋은 환경에서 좋은 교육을 잘 받게 될 거예요. 하지만 만약 제가 어머니라서 어떤 결정을 내려야 한다면 저는 아이를 일반학교에 보낼 것 같아요. 장애 정도가 심할수록 나중엔 통합교육을 받기 힘들거든요. 어쩌면 초등학교가 어머니의 자녀가 비장애학생들과 함께 지낼 마지막 기회일 수도 있어요."

마지막 기회. 그 말이 나를 움직였다. 아들은 A초등학교 1학년 5반 학생이 되어 새로운 삶을 시작했다.

초등학교에 입학한 아들은 매일 울었다. 유치원과 달리, 경직되고 딱딱한 환경이 낯설고 두려워 매일 울었다. 입학 초 달라진 환경이 힘들기는 비장애학생도 마찬가지겠지만 다른 아이들은 선생님과 친구들에게 힘든 부분을 말하고 도움받으며 빠르게 적응해간 반면, 말을 할 줄 모르는 아들은 그냥 우는 것으로 힘든 마음을 표현했다. 아들의 울음이 무엇을 의미하는지 몰랐던 담임선생님은 선생님대로 힘들었고 반 친구들은 친구들대로 힘들었다. 가장 힘든 건 아들이었는데 아무리 우는 것으로 표현을 해도 사람들이 자신의 의사를 알아듣지 못하자 더 큰 울음으로, 더 큰 행동으로, 급기야 친구를 할퀴는 것으로 마음을 전했다.

그런 일이 한 번씩 있을 때마다 난리가 났다. 담임선생님과 특수교사는 아들에게 문제행동이 발생했다며 바로잡으려 했고, 나는 아들이 할퀸 아이의 엄마들에게 장문의 사과 문자와 아이스크

림 쿠폰을 보내며 연신 죄송하다고 고개를 숙였다. 담임과 특수교사의 노력으로 아들도 조금씩 학교생활에 적응해갔고, 가끔 할퀴는 행동이 나오긴 했지만 학기 초에 비하면 천국 같다는 말이 나올 정도로 아들 마음도 안정되어갔다. 그렇게 이제는 살만하다 느끼던 어느 날이었다.

다른 학년 엄마들 사이에 1학년 특수학급 아이가 굉장히 공격적이라 위험하다는 얘기를 들었다며 그렇게 위험한 아이를 계속 학교에 다니게 하면 안 되지 않냐, 그 아이의 퇴학을 위해 교육부에 진정이라도 해야 하지 않겠냐 하는 이야기가 돌고 있다는 사실을 알게 되었다. 1학년 특수학급 아이. 내 아들이다. 내 아들이 학교 전체의 안전을 위협하는 괴물이 되어 퇴학이 거론되는 처지에 놓여 있었다. 반 대표 엄마에게 전화했더니 모르는 일이라고 했다.

험난했던 학기 초가 지나고 아들이 안정을 찾아가자 정작 반에서는 그런 말이 나오지 않는데 한번 퍼진 소문이 한 사람 한 사람 건너뛸 때마다 부풀려져 아들은 학교에서 괴물이 되어 있었다. 소문을 퍼트린 엄마들을 고소하네 어쩌네, 이런 상황이 되도록 방치한 학교를 가만두지 않겠네 어쩌네, 나는 하루에도 열두 번씩 화산처럼 분노하고 눈물을 터트리며 절망의 나날을 보냈다. 그러는 한편 매일같이 아들과 함께 죽어버릴 궁리를 했다. 이런 세상에서 더 살아봤자 무슨 희망이 있을까.

그러다 "매 순간 그렇게 너무 최선을 다해 살지 않아도 돼"라는 여동생 말에 한참을 오열하고 나서야 다시 살아갈 용기를 얻었다. 나는 그때 경험을 '각성'했다고 표현한다. 처음으로 눈을 뜬 것이다. 발달장애인 아들을 키우는 엄마로서 앞으로 무엇을 어찌해야 하는지 깨닫게 된 각성의 순간. 아들이 그런 소문에 휩싸이도록 내버려둔 것은 다름 아닌 나 자신이었다. 아들에게는 발달장애의 어떤 특성으로 인해 분명 다른 사람들의 이해가 필요한 부분이 있었음에도 나는 그저 고개 숙이는 엄마로서의 역할에만 충실했을 뿐 사람들에게 아들을 이해시키기 위한 노력은 하지 않았다.

처음으로 반 엄마들을 만나는 학부모총회 날, 나는 아들 학교에 가지 않고 비장애 쌍둥이인 딸의 학부모총회에 참석했다. "엄마들끼리 친해야 아이들도 친해진다"는 것을 유치원까지의 경험을 통해 알고 있었던 터라 아들보다는 딸의 사회생활에 더 큰 무게를 둔 것이다. 오판이었다. 그렇기 때문에 더더욱 나는 아들 반의 엄마들과 만나야 했다. 뒤늦게 4월이 되어서야 반 엄마들과 만나 인사하고 모임에 나가고 아들의 특성에 대해 양해를 구했지만, 이미 모두의 마음에 장애에 대한 편견이 확증편향으로 굳어진 뒤였다. 아들이 괴물로 둔갑할 때까지 소문이 부풀려지도록 방조한 건 나 자신이었다.

일반학교에서 특수학교로

이런 사실을 깨닫고 난 뒤 나부터 달라졌다. 아들이 잘못한 것에 대해선 엄마인 내가 대신해 깍듯이 사과했지만 이젠 아들이 잘못한 것이 없는데도 죄인마냥 한없이 고개 숙인 채 "죄송하다"만 되풀이하지는 않았다. 대신 아들을 이해시키기 위해 적극적으로 노력했다. 2학년이 되고 개학식을 하는 날, 나는 반 아이들에게 편지를 전했다. "친구들아 안녕, 나는 동환이라고 해. 나는 아직 말을 할 줄 몰라서 우리 엄마가 나를 대신해 말을 하고 있어"라고 시작하는 편지엔 아들이 어떻게 장애인이 되었는지, 장애란 무엇인지, 장애가 있는 아들의 특성은 무엇인지 등을 담았다.

그동안 나는 발달장애인 아들이 비장애 중심 학교에 적응할 것만 신경쓰고 살았는데 알고 보니 비장애학생들도 내 아들에게 적응할 시간과 노력이 필요했다. 엄마인 내 편지는 그 시작이었다. 아들에 대한 편견이 학생과 학부모 사이에 자리 잡기 전, 올바른 정보를 제공함으로써 발달장애가 낯선 이들의 불안감을 다독여줄 좋은 통로가 되었다.

2학년 학부모총회 날, 주저 없이 아들 교실로 향했다. 담임에게 미리 양해를 구하고 엄마들 앞에서 말하는 시간을 가졌다. 아들은 이러이러한 특성이 있다, 이럴 땐 이런 행동으로 이런 말을 하는 중이니 오해하지 말아달라, 잘 부탁드린다. 먼저 문을 두드린 용기에 반 엄마들은 응답했고, 아들은 1학년 때와 다른 환영받는 분위기 속에서 2학년 생활을 시작하게 되었다.

분위기가 변한 아들의 학교생활엔 꽃길만 펼쳐질 줄 알았다. 새로 바뀐 담임과 특수교사 모두 아들을 위해 마음을 쓰는 좋은 분들이었다. 하지만 2학년이 시작되고 3개월 만에 아들은 특수학교로 전학을 가게 되었다. 아들에게 너무 잘해주려는 모두의 노력이 오히려 통합교육의 의미를 퇴색시켜버렸기 때문이었다.

반 엄마들이 아들의 통합교육을 적극 지지하면서 학교에서도 아들의 안정적인 학교생활을 위한 별도의 시도가 이어졌다. 아들이 힘들어하는 '착석'에 굳이 얽매이지 않고 자유롭게 교실을 돌아다닐 수 있게 허용했다. 아들에게 중요한 건 통합교육의 내용보다 통합교육에 참여하는 태도가 먼저라는 판단에서였고, 그렇게 통제받지 않는 자유로운 환경에선 아들도 열린 마음으로 학급에 참여할 것이라는 기대감이 있었다.

어떻게 됐을까? 대실패였다. 발달장애가 있기에 너만 허용해준다는 특별대우는 아들을 학생의 일원이 아닌 진짜 장애인으로 만들어버렸다. 자신은 무엇을 해도 선생님이 용납해준다는 걸 알아버린 아들은 등교하면 곧장 교실 뒤 바닥에 누워버렸다. 처음엔 며칠만 눕다가 일어나겠지 했는데, 아들이 누구인가. 한번 패턴이 입력되면 그 패턴을 반드시 반복해야 마음이 안정되는 자폐성 장애인이다. '교실에선 눕는다'는 패턴이 입력되자 아이는 책상에 앉지 않으려 했다. 하루종일 교실 뒤 바닥에 누워 뒹굴뒹굴. 이건 뭐 통합교육은커녕 기본적인 학교생활조차 제대로 이뤄지지 않았다. 결국 특수교사가 자신의 실패를 인정하고 세 차례에 걸쳐 특수학교로의 전학을 권고한 끝에 나는 아들을 특수학교로 전학시켰다.

제대로 된 장애이해교육

아들이 통합교육을 받은 시간은 1년 3개월이다. 유치원 2년까지 더하면 3년 3개월이지만 나는 그 시간 동안 어디에서도 성공적인 통합교육을 받았다고 느낀 적이 없다. 왜 그럴까? 유독 아들이 힘든 상황에 있어서 그랬던 것일까? 아니, 난 그렇게 생각하지 않는다. 여태까지의 이야기는 내 아들의 사적인 경험담이지만, 아들의 사례는 많은 통합학급 교실 안에서 지금도 되풀이되고 있는 현재진행형 경험일 것이다.

통합교육의 실패가 이어지는 이유. 나는 그 첫 번째로 '발달장애에 대한 이해'를 꼽는다. 비장애인이 느끼기에 모든 장애 유형 중에서 가장 낯설고 대하기 어려운 게 발달장애다. 일단 의사소통이 원활히 되지 않고, 처음 보는 상동행동도 반복적으로 하고 있으니 발달장애인 학생과 같은 반이 되면 덜컥 겁부터 난다. 특히 학부모의 불안심리는 자녀에게도 그대로 전해진다. 아무리 담임과 특수교사가 통합교육을 시도해보려 해도 교실 안에 팽배한 '마음의 벽'에 부딪혀 실패할 수밖에 없는 구조가 형성된다.

물론 이와 별개로 교실 안은 평화로울 수도 있는데, 이는 통합교육이 성공해서라기보다는, 비장애학생들이 스티커나 봉사점수 등 '보상'을 위해 불쌍한 장애인을 챙기는 선량한 역할을 맡기 때문이다. 이런 관계에서 장애학생은 교실 안의 동등한 구성원, 학급의 일원이 아니다. 담임교사 입장에서도 장애학생은 내 학생이 아니라고 생각하기 쉽다. 특수학급 학생을 손님 대하듯 일정 시간 잠시 맡고 있다고 여기게 되는 것이다.

하지만 같은 반의 구성원인 학생들, 더 솔직히 말하면 학부모들이 먼저 장애에 대해 이해하게 되면 통합교육을 할 수 있는 환경은 더 수월하게 갖춰진다. 문제는 이런 역할을 왜 장애아의 부모가 감당해야 하느냐는 것이다. 나는 아들의 장애를 모두에게 제대로 이해시키지 않은 내 잘못이라는 생각에 먼저 움직이고 혼자 움직였다. 하지만 모든 장애학생 부모가 나처럼 행동해야 하는 건 아니다. 집에서 일어나는 일은 부모가 책임지지만 학교에서 일어나는 일은 학교에서 책임져야 하는 것이다. 부모가 아닌 담임이, 특수교사가, 안 되면 교장이라도 나서서 장애에 대한 이해가 바로 설 수 있도록 노력해야 한다.

장애이해교육을 하면 장애인으로 낙인찍히기 때문에 좋지 않다는 얘기를 종종 듣는데, 학생들은 장애이해교육을 받든 안 받든 특수학급 학생이 장애인인 것을 잘 알고 있다. 오히려 구체적이고 현실적인 장애이해교육으로 장애의 특성을 잘 이해하고 있는 게 더 중요하다. 그렇지 않으면 그냥 말 못하는 바보, 맨날 울고 소리지르는 멍충이, 아직도 기저귀 차는 어린애 취급하는 게 장애학생을 대하는 비장애학생들의 태도다.

내 집 앞의 학교를 다닐 수 있는 권리

아들이 2학년 때 겪은 상황에서 볼 수 있듯 선한 마음만 앞선 잘못된 장애인식이 통합교육을 망치는 하나의 요소가 되기도 한다. 불쌍한 장애인이니까 너는 다 오케이야. 다른 학생은 자리에 앉지 않으면 혼나지만 너는 장애인이니까 그래도 괜찮아. 아니, 그렇지 않다. '장애인이기에 앞서 사람'이라는 걸 알아야 한다. 각자 할 수 있는 능력의 차이가 있을 뿐 장애학생도 비장애학생과 다를 바 없는 똑같은 학생이다. '장애인'으로 대상화되어 자란 장애인은 정말 장애인이 된다. 나는 장애인이니까 규칙 안 지켜도 괜찮고, 비장애인은 언제나 내게 맞춰서 나만 위해줘야 하는 대상일 뿐이다.

묻고 싶다. 우리들이 함께 살고 싶은 장애인은 어떤 모습인지. 장애인 취급 또는 장애인 대우만 받고 자라 무엇이든 자기중심적으로만 생각하고 행동하는 장애인과 한 마을에서 살고 싶은지,

아니면 장애로 말과 행동에 제약은 있지만 타인과 함께 살아가는 법을 잘 아는 사람과 함께 살고 싶은지.

장애인은 주변 비장애인의 인식에 따라 진짜 장애인으로 자랄 수도 있고 단지 장애가 있을 뿐인 사람으로 성장할 수도 있다. 이 과정의 출발점이 학교다. 장애인이니까 청소 시간에 참여하지 않아도 되는 게 아니라, 장애의 특성으로 청소를 꼼꼼하게 못할 수도 있지만 함께 청소하는 것부터가 통합교육의 시작이다. 잘못된 장애 인식이 선한 마음과 만나면 사실은 배제인데 배려로 착각하게 되는 사태가 벌어진다. 아마도 지금 통합교육 현장에서 가장 빈번히 일어나는 일일 것이다.

아들은 통합교육에 실패했다. 당시는 아들도 어렸고, 나도 아무것도 몰랐고, 특수교사는 특수교육을 전공했지만 장애 인식은 바로 서 있지 못했고, 통합반의 담임교사는 선한 마음만 있을 뿐 장애에 대한 이해가 없었다. 이 모든 것들이 하나로 묶인 아들의 학교생활은 필연적으로 실패할 수밖에 없었다. 이런 아들의 실패 담이 반복되지 않길 바란다. 장애가 있든 없든 그냥 내 집 앞 가장 가까운 학교에 다니는 평범한 일상이 누구에게나 당연한 일이 되길 바란다. 2016년의 대한민국과 2022년의 대한민국은 다르길 바란다.

(vol. 139, 2022. 1-2)

'천천히'란 꼬리표를 붙여 미안해

학습종합클리닉센터에서 아이들을 만나다

30년 남짓한 세월을 서울과 경기도에서 살다가, 2017년 전남 장흥으로 귀촌했다. 지역 아이들을 만나고 싶은 마음과 당장 일 자리를 구해야 했던 개인적인 상황, '민주와 혁신의 본고장'이라 는 전남에 대한 막연한 이미지, "장흥은 교육지원청 분위기가 괜 찮아"라는 지인의 이야기가 맞물렸을 때 마침 교육지원청과 연 이 닿아 지금까지 지내고 있다.

조순애 _ 특수교사로 2년, 광명YMCA 볍씨학교 교사로 12년을 살다 귀촌했다. 한때는 좋은 교사이고 싶어서, 지금은 그냥 아이들이 예뻐서 아이들 만나는 일을 계속하고 있다.

나는 '학습종합클리닉센터'[1]라는 복잡하고 긴 명칭의 사업을 맡고 있다. 센터라고 하지만 1인 1센터로, 다른 구성원이 있는 것은 아니다. 전라남도에는 각 지역청마다 이 일을 담당하는 사람이 한 명씩 있다. 여러 요인으로 학습이 어렵거나 마음에 생채기가 난 아이들을 만나러 학교를 방문하는 것이 주된 역할이다. 경계선 지능, 난독증, ADHD, 진단받지 않은 지적장애, 따돌림, 게임 중독, 다문화가정, 조손가정 등 다양한 배경을 가진 아이들과 연결이 된다. 우선 아이가 갖고 있는 어려움의 원인이 어디에 있는지, 아이의 현재 능력은 어떠하며 강약점은 무엇인지 살피고 나서 그에 따라 일주일에 한 번 정기적으로 아이들을 만난다.

아이들의 속마음

인하(가명)도 한 선생님의 의뢰로 만나게 된 아이 중 한 명이다. 초등학교 1학년 말인데도 아이가 한글을 읽는 데 어려움이 컸기 때문이다. 아이는 받침 없이 초성과 중성으로만 이루어진 글자도 잘 몰라 틀리게 읽곤 했다. 아이의 인지 능력, 심리·정서 상태를 가늠해보기 위해 몇 가지 검사를 진행하기 전, 아이와 안

---

1 2012년 시범적으로 출범하여 전국적으로 확대되었다가 지금은 몇 개 지역에만 남아 있다. 기초학습과 정서에 어려움을 겪는 아이들, Wee센터와 특수교육지원센터에 속하지 않는 사각지대의 아이들을 지원하기 위해 시작했다.

면도 트고 좀 친해지려고 학교로 찾아갔다.

도서관 창가에 앉아 인하를 기다리고 있는데, 몸이 탄실하고 다부져 보이는 아이가 통통 들어와 맞은편에 쓱 자리를 잡고 앉았다. 일상적인 이야기를 주고받는 데는 별 어려움이 없었다. '고 피쉬 가나다'라는 한글 카드 게임을 준비해 갔는데, 처음엔 좀 헷갈려 했지만 몇 차례 순서가 돌아가고 나니 익숙해져서 재미나게 게임을 하고 돌아갔다. 아이의 밝은 태도에 염려를 덜었다.

아이를 다시 만났을 땐 웩슬러 아동지능검사K-WISC-V를 가지고 갔다. 일대일로 16가지 소검사를 모두 진행하려면 보통 두 시간 내외가 걸리는데, 한 시간을 넘기면 아이들이 지루해하고 집중력이 흩어져서 대부분 중간에 한 번 쉬어간다. 인하와도 그러리라 생각하고 들어갔다.

그러나 예상보다 인하는 더 빨리, 더 많이 힘들어했다. 토막의 모양을 그림과 똑같이 짜맞추는 첫 번째 작업은 그럭저럭 넘어갔는데, 두 단어의 공통점을 말하는 두 번째 소검사부터 막히기 시작했다. 그 뒤로도 논리력이나 기억력, 추론 능력이 필요한 과제들에는 답을 잘 못했다. 다른 아이들보다 좀 더 이른 시점에 쉬었는데도, 인하는 어느새 책상 아래로 몸을 숙이더니 아예 의자에 누워버렸다. 그러고는 볼멘소리로 말했다. "이거 왜 하는 거예요?" 물음이 아니라 짜증스러움과 불편한 감정을 호소하는 것이었다.

웩슬러 검사를 꾸역꾸역 마치고, 다음 날 하려고 했던 한국어 읽기 검사KOLRA와 문장 완성 검사SCT 과정을 대폭 수정했다. 웩슬러 검사는 표준화되어 있어서 의미 있는 결과값을 얻으려면 정해진 대로 진행해야만 했는데, 읽기 검사도 그렇게 했다간 인하에게 너무 큰 스트레스를 줄 게 뻔했다. 문장 완성 검사도 원래는 문장의 일부를 읽고 빈칸을 채워 쓰는 지필식 검사이지만 묻고 답하는 대화 방식으로 꾸렸다. 이때부터 인하는 다시 첫 만남 때처럼 편안하게 자기 이야기를 꺼냈다. "나의 좋은 점은?"이라는 질문에 기세등등하게 "저 힘 엄청 세요. 애들 다 이겨요" 했다. 쌀 포대도 번쩍 든다며 너스레를 떨었다. 좀 시무룩해질 때도 있었다. 이런 질문과 답을 하는 순간들.

"내가 제일 걱정하는 것은" "공부. 틀릴까 말까⋯."

"나는 공부를" "못한다."

"내 소원이 마음대로 이루어진다면" "첫째 소원은 큰 데로 이사 가는 거. 둘째 소원은 내가 글씨를 엄청 잘 읽고 수학도 잘하는 거."

검사를 마치고 담임선생님을 만났다. 선생님은 인하가 1학기엔 그렇지 않았는데 12월 들어서 울음이 많아졌다고 하셨다. 조금만 뭐가 잘 안돼도 그냥 울어버린다고. 인하는 제 앞가림을 하는 친구이지만, 검사를 수행하는 정도를 보면 인지적인 어려움이 다소 있는 게 분명했고 그래서 글자를 깨치기가 쉽지 않았을 것이다. 자존심도 세고 뭐든 잘하고 싶은 마음도 커서 공부를 못한다는 게 아이에게 큰 좌절감을 주는 것 같았다.

인하를 만나고 나니 민영(가명)이 떠올랐다. 수학은 또래 못지않게 곧잘 하는데 아직 글자를 유창하게 읽지 못하는 초등학교 2학년 아이였다. 웩슬러 검사 결과 청각적 작업 기억 능력이 유독 낮았다. 민영이는 백수가 꿈이라고 했다. 예전에는 꿈이 '박사'였는데 공부하는 게 어려워서 포기했다고.

민영이는 주제통각 검사TAT[2]에서 바이올린을 앞에 두고 두 손을 턱에 받치고 앉아 있는 소년 그림을 보며 이렇게 말했다.

"저는 국어를 못하잖아요. 얘는 바이올린을 못해가지고 '왠지 큰일'이라는 생각을 하고 있어요."

"'왠지 큰일'이라는 게 무슨 뜻이에요?"

"어디 전시된 거 100만 원짜리를 깨뜨린 느낌이에요. 저도 그랬어요. 언제 엄마가 3학년 되면 국어를 알 때가 됐다고 했는데 '3학년 돼도 국어를 못하면 어떡하지?' 생각했는데 그때도 이런 느낌이었어요."

인하와 민영이는 고작 초등학교 1, 2학년일 뿐이다. 그런데 벌써 '나는 공부를 못한다'는 생각이 굳어졌고 속으로 이렇게나 부담을 갖고 있다. 전남 장흥은 서울이나 대도시처럼 교육열이 높

---

2 그림을 보고 이야기를 만들어내는 투사 검사. 이야기 중에 자신과 주변인들의 성격 특성, 대인관계, 환경에 대한 인식 등을 무의식적으로 담게 된다.

은 곳이 아닌데도 이런 아이들이 생긴다니. 수포자, 영포자가 나오기 시작하는 시기가 점점 빨라지고 있다곤 하지만, 어린아이들이 이런 마음을 갖고 있는 것을 알게 될 때면 내 마음도 슬프고 먹먹해진다.

마음에 소요가 이는 날

최근 몇 년 사이 우리 사회에서 경계선 지능 아이들에 대한 관심이 확대되고 본격적으로 공론화되기 시작했다. 전라남도에서는 이 아이들을 지원하기 위한 조례[3]가 만들어지기도 했다. 이 아이들이 처한 현실과 어려움을 조명하고 바로잡으려는 시도는 반가운 일이다.

하지만 안타깝게도 여전히 우리 사회와 교육 현장이 이 아이들을 적절하게 지원하고 북돋울 수 있는 울타리가 되기에는 많이 부족하다. 경계선 지능 아이들과 관련된 문제의식은 생겼지만 실질적 지원과 결과에 대한 경험이 아직 빈약하고, 문제에 초점을 맞추다 보니 이 아이들이 갖고 있는 좋은 자질과 가능성이 묻히기도 한다. 조기에 적절한 지원이 이루어지면 훨씬 더 많은 것을 성취할 수 있을 텐데, 전문성을 갖고 지속적으로 아이를 뒷받침

---

3 '전라남도교육청 천천히 배우는 학생 교육 지원 조례'가 2016년에 제정되었다.

할 수 있는 인적 인프라가 매우 부족하다. 고학력 사회에서 인지학습에 대한 요구가 높아져가는 현상 또한 이 아이들에게는 힘든 요건이다.

작년 여름, 한 교장선생님이 나를 부르시더니 내가 만나고 있는 2학년 아이에 대해서 이렇게 말씀하셨다. "이런 아이들이 이 상태로 가면 나중에 꼭 문제아가 된다는 걸 알고 있어요. 그러니 잘 도와주십시오." 아이를 진심으로 걱정하고 돕고자 하는 마음에서 하신 말씀인 걸 안다. 완전히 틀린 말도 아니다. 경계선 지능을 가진 아이들은 일반적으로 평균 범위의 아이들에게 맞춘 수업 내용을 이해하지 못한다. 이해가 안 되니 주의가 산만해지고 수업 태도가 나빠지고 그래서 선생님한테 자주 혼나고 지적당한다. 친구들한테도 놀림이나 따돌림을 받으면서, 아이는 점점 자존감이 낮아진다. 애정 욕구가 충족되지 않으니 무리에 어떻게든 끼려다 이 아이를 이용하려는 친구들에 의해 비행에 가담하게 되기도 한다. 무기력이 심해져 취업과 입대 후 적응까지 문제를 겪는 경우들도 있다.

하지만 이 아이들이 갖는 온갖 문제의 원인이 과연 아이에게 있는 걸까. 천편일률로 진행되는 교육 방식이 아니라면, 개인의 속도에 맞추어 아이가 흥미를 느낄 수 있는 방법으로 배움의 장이 펼쳐진다면 이 아이는 인지학습 영역에서도 잘 배워나가고 자기효능감이 크게 손상되지 않을 것이다. 그렇게 잘 맞춤한 교육을 받지 못하더라도 아이가 학교 안에서 존중받고 가치 있게 여겨지며, '자기 속도대로 제 역량을 최대한 펼쳐나갈 아이'라는 긍정적인 시선 속에서 자란다면 위축되지 않을 것이고, 친구들도 이 아이를 무시하지 않을 것이다. 그렇게 아이 하나하나가 소중히 여겨지는 환경 속에서는 친구들과 얽힌 비행이 없거나, 있더라도 그 정도가 덜할 것이다. 유치원부터 직장에 들어갈 때까지 줄 세우기로 점철된 세상이 아니라 어떤 사람이든 자기 모양과 빛깔을 맘껏 펼치며 살 수 있는 세상에서라면 아이는 성인이 되어서도 자기에게 맞는 진로를 찾아나가며 힘 있게, 멋지게 살아갈 것이다.

경계선 지능 아이들은 인지학습이 그렇게 강조되는 학교 안에서 학습에 가장 소외되어 있을 수 있다. 장애아동은 특수교육의 테두리 안에서 지원을 받지만, 이 아이들은 어떠한 지원도 받지 못한 채 방치되어 있을 가능성이 크다. 언어촉진의 기회가 더 필요한 아이들임에도 구어 능력이 뛰어난 다른 친구에게 말할 기회를 뺏기고, 스스로 생각하고 판단하는 경험을 쌓아가야 하는데 신속하게 앞서 분석해낸 친구의 생각을 무비판적으로 수용하게 되고, 과정을 차근차근 짚어야 하는데 결과만을 강요받는 상황들을 더 자주 겪게 된다. "모르겠으면 그냥 외워." "쟤가 한 거 그냥 옮겨 써." "베끼기라도 해." 이렇게.

초등학교 5학년 이상이 되면 경계선 지능 아이들은 누적된 학습 내용을 보완하고 지체된 것을 따라잡기 쉽지 않다. 보통 선생님들은 저학년 교재를 사용해서라도 학습을 따라가게 하려 애쓰시지만, 나는 그보다 이 아이들에게 하나라도 제대로 알게 하는 탐구의 과정, 틀려도 자기 생각을 자유롭게 표현할 수 있는 질적 대화를 통한 배움의 과정이 필요하다고 본다. 자기 자신을 이해하고 가치관을 세우고 진로를 찾아나가는 과정 또한 간과해서는 안 된다. 물론 이는 모든 아이들에게 필요한 것이지만, 이 아이들에게야말로 이 과정을 함께 고민하며 세상으로 당당히 걸어갈 수 있게 응원해줄 멘토가 있어야 한다.

아이들에게 나는 그런 존재로 다가가고 싶지만, 고학년 이상의 담임선생님과 이야기 나누다 보면 그걸 포기해야 할 때가 있어 씁쓸하다. 2018년, 한 중학교에서 의뢰가 들어와 선생님께 이런 관점과 바람을 말씀드렸다. 선생님은 대번에 그런 건 학교에서 할 테니 내 시간엔 실질적인 학습을 진행해달라고 단언하셨다. 딱 잘라 말씀하시는 것이 조금 당황스러웠지만 어떤 점에서 그렇게 생각하시는지 다시 여쭈었다. 선생님은 아이가 학습 부진으로 받는 스트레스가 크다며, 검사를 통과하지 못해[4] 방과 후에도 늘 남아서 공부해야 되고 시험도 자꾸 봐야 하니 그 문제를 해결해주려면 딴것보다 '기초학습 향상'이 필요하다고 하셨다. 선

---

4 3월에 기초학력 검사와 3R's(읽기, 쓰기, 셈하기) 검사 결과, '미도달'로 평가된 학생은 주기적으로 재시험을 본다.

생님도 나름 아이의 생활과 마음을 고려해서 하신 말씀이라는 걸 이해하지만, 이걸 어디서부터 잘못되었다고 해야 할지를 몰라 속으로 한숨을 쉬었다. 이 아이들과의 만남이 주는 의미와 감동 때문에 한계를 분명히 알고도 일을 지속하고 있지만, 이런 날엔 가슴 밑바닥에서 소요가 인다.

너를 부르는 말

1월 초에 지호(가명)를 만났다. 지호가 중학생일 때 처음 만났는데, 지금은 고등학생이 되었다. 지호는 부모님의 농사를 도우며 다육식물이나 작은 나무를 키우기도 했는데, 그 영향인지 원예고등학교에 입학했다. 어찌 지내는지 궁금해서 참 오랜만에 보기를 청한 것인데, 아이는 학교생활에 만족하며 잘 지내고 있었다. 중학교 때는 친구가 도움반[5] 아이 한 명뿐이었지만, 고등학교에선 친구도 많이 사귀고 이성친구도 생겼단다. 작물을 키우는 방법을 배우는 것도, 노작 활동을 하는 것도 재밌다고 했다. 2학년이 되면 채소반, 과수반, 원예반으로 나뉘는데, 자기는 종이 많고 전망이 좋아 보이는 과수반을 선택할 거라고 했다. 또 방학 중에 학교에서 배운 대로 어떤 식물의 씨앗을 집에서 한번 발아시

---

5 특수학급을 요즘엔 '도움반'이라고 부른다.

켜보려고 한단다.

아이는 중학교 때보다 자신감이 있어 보였는데, 학교 교육과정이 자신과 잘 맞아서인 듯했다. 학습 위주로 진행되었던 중학교와 다르게 원예고는 아이가 관심 있는 내용을 중심으로 공부하고 실습도 하니까 배우는 내용이 소화가 되고 흥미로운 것이다. 잘 맞는 또래 친구들을 만나 교감과 소통이 원활해진 측면도 있을 것이다. 아무튼 지호가 편안해 보여 기분 좋았다.

아이와 만났을 때 뜻밖의 두 가지 상황이 있었다. 첫 번째는 점심 메뉴. 내가 먼저 "생선요리집 갈까, 중국요리 먹을까, 돈까스나 스파게티 같은 거 먹을까?" 물었다. 아이가 선뜻 대답을 하지 않아서 내가 좋아하는 곤드레밥도 던져봤다. 그런데 뜻밖에도 곤드레밥을 선택했다. 지호 취향은 아니라고 생각했는데, 학교에서도 가끔 먹어봤다며 곤드레밥을 먹자고 했다. 나중에 어머니께 이야기를 들으니 나를 만나기 전에 "선생님은 고기를 안 드시는데 뭘 먹으면 좋을까" 고민을 하더란다. 같이 밥 먹은 지 오래되었는데, 아이가 내 식사 습관을 기억하고 드러나지 않게 배려한 것이었다. 두 번째는 지호가 미리 영화티켓을 예매해놓은 것이었다. 학교에서 받은 문화상품권이 있어 그랬다고 했다. 덕분에 몇 년 만에 영화를 보았다. 넉넉한 지호의 마음 씀씀이에 고맙고 따뜻한 하루를 보냈다.

오랜만에 만난 선생을 이래저래 챙겼던 지호는 경계선 지능을 가진 아이다. 일반적인 표현을 빌면 '느린학습자slow learner'이고, 전남 조례에 따르면 '천천히 배우는 학생'이다. '느린' '천천히'라는 표현은 부정적인 인식을 최소화하려는 노력에 의한 것이지만, 그역시 아이를 어떤 기준에 따라 평가한 말이고, 앞서 이야기한 것처럼 교육환경과 사회문화가 달랐다면 필요하지 않았을 말이다. '느린' '천천히'라는 용어가 지호라는 아이에 대해 무엇을, 얼마나 설명해낼 수 있을까.

나 역시 선생님들과 이야기 나누는 연수 자리에서는 부득이하게 '천천히 배우는 아이들'이라는 표현을 쓰고, 어떤 면에선 적나라하게 이 아이들이 나타낼 수 있는 특성들을 세밀하게 이야기한다. 그래야 오해가 풀리고 '저 아이가 나를 속 터지게 하려고 일부러 그러는 게 아니구나' '저 아이가 노력을 안 하는 게 아니구나' '기존 방식으로 아이를 밀어붙여서는 안 되는구나' '이 아이도 자신에게 맞게 공부할 권리가 있구나'로 생각이 바뀔 여지가 있기 때문이다. 하지만 내 이야기들이 변화를 일으키기보다는 부정적인 의식과 현상을 고착시키게 될까 봐 늘 조심스럽다. 명명함으로써 생기는 모순과 역작용을 최소화하고 싶지만 그렇지 못한 경우도 있을 테니까.

아이가 아니라 어른인 나와 우리들이 달라져야 한다. 아이를 깎아내리고 비난하는 것이 아니라 존중해주고 격려해주어야 한다. 지나치게 끌어당기다가 안 된다고 내버려두는 것이 아니라 아이와 발걸음을 맞추며 꾸준히 동행해야 한다. 아이의 능력에 순위를 매기는 방식에서 아이의 다양한 능력을 있는 그대로 인정하는 방식으로, 아이들을 범주화해서 보는 시각에서 개별 아이 하나하나를 보는 시각으로 변화가 전제되어야 한다. 모든 아이들이 존재 자체로 사랑받으며, 있는 그대로 봐주는 사람들 곁에서 자신에게 의미 있고 적합한 배움의 과정을 밟을 수 있는 날이 하루빨리 오기를 기다린다.

(vol. 129, 2020. 5-6)

치료인가, 교육인가

청각장애인과 농인

청각장애인이냐, 농인이냐. 농사회에서는 꽤나 오래된 논쟁거리입니다. 농사회가 아닌 곳에서는 저 역시 편의상 농인이라 말하고 괄호 안에 청각장애인이라는 설명을 덧붙이기도 합니다. 하지만 청각장애인과 농인은 같은 의미가 아닙니다. 농인들은 자신을 청각장애인이라 부르지 않습니다.

'농인'은 농인의 언어와 문화를 긍정적으로 수용하고 이를 적극적으

김주희 _ 서울 강북에 자리한 농인 대안학교 '소리를보여주는사람들' 교사.

로 사용하며, 같은 문화와 언어를 가진 집단에 자발적으로 참여하고 이를 계승하는 사람을 말한다. 이 정의는 사전적인 의미를 넘어 모든 차별과 편견을 넘어서는 새로운 개념이다. 농인들은 '눈 중심'으로 세상을 살아가는, '보는 사람'이란 자아상을 가지고 있으며, 자신들과 다르게 소리에 의존하며 '귀 중심'으로 세상을 살아가는 '듣는 사람'을 청인이라고 부른다. (국립국어원에서 발행한 한국수어교원 양성교재 『농문화와 농사회』 중에서)

이러한 정의가 국가기관의 문서에서 언급되기까지 기나긴 싸움과 외로운 기다림이 필요했습니다. 농인은 보는 사람이지, 듣지 못하는 사람이 아닙니다. 농인은 수어로 말하는 사람이지, 말할 수 없는 사람이 아닙니다. 농인과 청인은 의사소통 수단이 다른 사람이고, 언어가 다르기에 문화가 다른 사람입니다. (굳이 따지자면) 농인의 조건은 다음 두 가지로 정리할 수 있습니다. 수어를 자신의 언어로 인정하며 적극적으로 사용하는가, 그리고 자기 자신을 긍정적으로 받아들이고 청인들과의 관계 속에서도 농인으로서의 정체성을 잘 지키는가.

이에 비해 '청각에 장애가 있다'는 의미가 담긴 청각장애인이란 용어에는 수어를 고유한 언어로 받아들이지 않는 태도가 담겨 있습니다. 농인 역시 자신들이 청력이 없는 것(귀로 소리를 듣지 못하는 것)에 대해 부정하지는 않습니다. 농사회에서 굳이 청각장애

인과 농인을 구분해 사용하는 이유는 농사회가 아닌 청인사회에

외치는, 일종의 운동과도 같은 메시지이기 때문입니다.

"우리는 '환자'가 아니다. 청력은 권력이 아니다."

"한국어를 사용하는 것. 음성이든 문자든 그것은 권력이 될 수

없다."

농인들이 세상에 외치고자 하는 것은 바로 이것이었습니다.

청각장애를 고쳐야 하고, 극복해야 하는 것으로 인식하는 것. 이

관점은 농인들에게서 아주 많은 것을 앗아갔고 그들을 억압했습

니다. 이러한 억압은 먼 곳에서 일어나는 특별한 일이 아닙니다.

장애를 앓고 있다는 말

우리는 흔히 '장애를 앓고 있다'는 표현을 씁니다. 이러한 언어

습관에서 장애를 '병'으로 보는 시선을 확인할 수 있습니다. 이는

사실 필연적인 것일 수 있습니다. 장애 진단 역시 병원에서 내려

지니까요. 아기들도 마찬가지입니다. 병원에서 태어나는 대부분

의 신생아들은 많은 검사를 받습니다. 그중 청력검사도 있지요.

태어나자마자 청각장애 진단을 받은 아기의 부모는 당황합니다.

'우리 아이가 못 듣는다니. 그러면 애는 말도 못 하나? 앞으로 세

상을 어떻게 살아가지? 공부는? 자기 앞가림은 제대로 할 수 있

을까?'

그렇게 막막하고 두려운 마음을 가진 부모가 어디를 찾아갈까요? 누구에게 도움을 청할까요? 바로 병원입니다. 그럼 병원에서는 인공와우 수술을 권합니다. 이런저런 다른 말들은 필요 없습니다. 수어를 선택하느냐, 구어를 선택하느냐. 이건 선택의 문제가 아니라고 생각하니까요. 부모는 어린아이가 소리를 들을 수 있도록 수술을 시킵니다. 그렇게 인공와우를 이식받은 아이들은 그때부터 열심히 치료실을 다니며, 더 잘 듣고 더 잘 말하는 연습을 합니다.

치료실에 다니는 이 아이들은 농인일까요, 환자일까요? 단순히 용어의 문제만은 아닙니다. 아이가 가진 특성을 병으로 보느냐, 이를 아이의 고유한 특성으로, 나아가 사회문화적으로 해석하느냐는 엄청나게 다른 태도를 가져옵니다.

'듣지 못하는 아이'라는 전제는 그렇기 때문에 어떻게든 잘 듣는 아이를 만드는 쪽으로 애쓰게 만듭니다. 이 아이에게 청각장애는 고쳐야 하고 극복해야 할 장애이 되는 것이지요. 그런 관점을 가진 어른들 사이에서 아이는 어떤 모습으로 자라날까요? 아이가 먹고 싶은 과자를 손으로 가리킬 때 엄마는 "과자 주세요"를 소리 내어 발음하라고 시킵니다. 아이는 같은 말을 여러 차례 반복해 가장 정확한 소리를 낸 후에야 원하는 과자를 손에 얻습니다. 일상의 모든 순간이 재활의 연속인 셈이지요.

특수학교의 수업 시간

정말 중요한 것은 특수학교에서도 이러한 관점이 그대로 적용된다는 것입니다. 청각장애학생들이 다니는 특수학교에서는 청인 아이들과 같은 교과서를 사용하고, 학교 안에는 '의료진'이 아닌 '교사'가 있습니다. 그리고 학생들이 있지요. 특수학교는 분명 치료실이 아니라 학교입니다. 세상의 다양한 것들을 배우는 학습 공간이자 친구들과의 상호작용이 일어나는 교류의 공간이지요. 그런데 특수학교 안에서는 어떤 배움이 일어나고 있을까요?

국어 시간에 청각장애학생들의 모어인 수어를 배우는 학교는 없습니다. '한국어'를 배우는 시간만 있습니다. 역사도 사회 과목도 마찬가지입니다. 어디에도 농인들의 역사와 농인들의 사회는 없습니다. 청각장애학생들이 있는 특수학교의 수업 시간에 손보다는 입을 더 많이 사용하는 청인 선생님들이 교단에 섭니다. 작은 교실이지만 마이크를 사용하기도 합니다. 더 큰소리로 또박또박 말을 해야 학생들이 더 분명하게 들을 수 있고 선생님의 입 모양을 잘 볼 수 있기 때문이지요. 국어 시간에 아이들은 책을 들고 지문을 또박또박 소리 내어 읽는 연습을 합니다. 하지만 스스로의 소리를 들을 수 없기 때문에 자신이 읽은 시가 어떤 느낌으로 다가오는지, 무엇을 의미하는지는 잘 모릅니다.

이러한 활동이 의미 없다는 말은 아닙니다. 단, 이런 교육이 과연 농학생들의 학교에서 이루어지는 것이 맞는가에 대한 질문을 던지고 싶습니다. 학교는 병원인가요? 학교는 아이들을 고치고 치료하는 곳인가요? 배움과 치료, 농학생들은 어느 쪽을 더 많이 경험하고 있을까요? 학교의 역할은 아이들의 장애를 고쳐주고 극복하게 해주는 걸까요. 아니면 아이들이 자존감을 가지고 자신의 강점을 찾아 이를 잘 활용할 수 있도록 돕는 걸까요?

어느 영역에서 누군가에게는 치료가 분명히 필요합니다. 하지만 교육 공간인 학교에는 환자가 아닌 학생이 있고, 치료가 아닌 배움이 있어야 합니다. 가정에서는 더 말할 것도 없지요. 하지만 농아이들은 여기저기에서 다 환자 취급을 받습니다. 명절이 되어 친척들이 모이는 자리에서조차 아이들은 발음을 평가받습니다. 수어를 못 알아듣는 친척들을 위해 '새해 복 많이 받으세요'라는 말을 구어로 하면 친척 어른들이 "너 요새 발음이 안 좋아졌구나. 다시 한번 또박또박 말해봐" 한다는 이야기를 해마다 아이들한 테 전해 듣습니다.

병리적인 관점이냐 사회문화적인 관점이냐는 단지 철학적인 논쟁거리가 아닙니다. 병리적인 관점으로 접근하는 그 순간부터 우리는 아이들에게서 부족한 점을 찾고 고쳐야 할 점을 찾으며 극복하고 도달해야 할 지점을 제시합니다. '정상'이라는 허상을 보여주며 이렇게 해보라 저렇게 해보라 요구할 수밖에 없지요. 농학생을 병리적으로 보게 된다면, 그들은 소리를 듣지 못하고 말을 못하니 당연히 언어를 갖고 있지 않고, 언어를 갖지 못한 아이들에게 제대로 된 학습이 가능할 리 만무합니다. 그러니 어떻게든 아이들을 잘 듣고 잘 말하게 하려는 노력을 우선적으로 하게 되고, 상대적으로 청력이 떨어지거나 발화가 안 되는 아이들은 학습 능력이 낮다는 결론에 도달하게 됩니다.

수어만 사용하는 농학생들의 진짜 사고력은 수어를 사용하는 사람만이 알 수 있습니다. 상식적인 이야기지요. 수어를 그들만큼 하지 못한다면 그들과 진짜 대화는 나눌 수가 없으니 그들의 깊은 내면을 만나기도, 지적 수준을 판단하기도 어렵습니다. 그들을 제대로 마주한 어른들이 과연 있기나 할까요.

다른 언어를 쓰고 있을 뿐

수어를 사용하는 농인을 병리적으로 볼 때 생기는 실제적인 문제는, 농인의 사회문화적인 관점을 이해하지 못하고, '보는 사람'이 갖는 사고체계를 이해할 수 없다는 점입니다. 당연히 음성언어를 사용하는 이들의 사고와 시각언어를 사용하는 이들의 사고는 전혀 다릅니다.

예를 들어 교실 문을 열고 들어오는 청인학생들은 이렇게 생각합니다. '칠판이 있고 책상과 의자가 있구나. 그리고 선풍기와 에어컨도 있네.' 반면 교실을 둘러본 농학생들에게 교실에 무엇이 있었는지 물어보면 그림을 그리듯 사물의 위치까지 자세히 이야기합니다. '가장 앞에 칠판이 있고 왼쪽 창문은 이렇게, 오른쪽 창문은 이렇게, 가운데 책상과 의자는 이렇게 놓여 있어요.' 농인들은 모든 것을 시각적인 정보로 처리하기 때문입니다.

음성언어를 사용하는 청인들은 동시에 두 음절을 발음할 수 없습니다. 청인들의 언어는 순차적으로 나열될 수밖에 없기에, 의미를 전달하기 위해 필요한 많은 문법적인 요소들이 있습니다. 한국어에서는 다양한 조사들이 그 역할을 하고 있지요. 하지만 농인의 언어인 수어는 눈에 보이는 언어이기에, 공간을 활용해 동시적으로 펼쳐집니다. 손의 위치와 빠르기, 눈썹의 모양, 어깨와 턱의 각도 등이 문법적인 역할을 합니다. 시각적 언어의 문법 체계는 음성언어와는 유사점이 없습니다.

이렇듯 한국어와 수어는 어순부터가 다른 언어이며, 귀로 소리를 듣고 정보를 처리하는 이들과 눈으로 보고 정보를 처리하는 이들이 가지는 논리 구조는 전혀 닮지 않았다는 사실입니다. 그렇기에 농인을 병리적으로 보며 치료로 접근하고 '청인들의 언어 체계'에 가까워지게 하려는 교육적 시도는 그들에게 닿을 수가 없고, 어떤 변화도 만들어낼 수 없습니다. 그들을 병들게 할 뿐입니다.

학교 또는 가정에 있는 수많은 어른들은 아이들을 사랑하고 보호하며 그들 인생에서 겪을 무수히 많은 시행착오를 먼저 겪은 자로서 든든히 그 뒤에 서 있는 역할을 자처하는 사람들입니다. 그렇게 걸어가도 괜찮다고, 아주 천천히 걸어가도 길은 만들어지는 법이라고. 걸어가지 않고 때로는 털썩 주저앉아 쉬어 가더라도 꾸준히 계속 걷다 보면 자신의 길이 만들어지고야 마는 법이라고, 그렇게 이야기해주는 것이 우리의 몫입니다.

그렇다면 각자 다양한 발자국으로 길을 만들어내는 아이들의 걸음걸이를 그 모습 그대로 지켜봐줄 수는 없는 걸까요? 우리가 교육이라는 이름으로 아이들에게 배움을 소개하는 어른이라 할 때, 적어도 똑같은 속도, 똑같은 모양새를 강요하지는 말아야 하지 않을까요?

청인들이 볼 때는 너무나 불편하고 힘들 것만 같은 청각장애에 대한 관점도 이렇게 달라지고 있습니다. 듣는 귀 대신 반짝이는 눈을 갖고 살아가는 농인 당사자들의 삶이 그러한 변화를 증명해냈지요. 다양한 모습, 또 다양한 삶의 속도를 가진 아이들이 어른들에게 외치고 있습니다. "우리는 모두 살아 있어요. 이렇게 우리는 자라고 있어요. 생명이 있는 것은 자라나지요. 어떤 꽃은 늦게 피고 어떤 꽃은 울퉁불퉁한 열매를 맺기도 하지요. 하지만 생명이 있는 모든 것들은 다 가치 있어요"라고 말입니다.

그런데 우리는 제때 꽃피우지 않는다고, 또는 탐스런 열매를 맺지 못한다고, 어떤 것은 너무 작고 어떤 것은 너무 크다고, 많은 아이들을 놀이터가 아닌 병원으로, 학교가 아닌 치료실로 내몰고 있지는 않은지요. 많은 아기들은 태어나서 6개월 만에 '영유아 검진'을 받고 몸무게, 신장, 머리 둘레가 전국 같은 또래 중 몇 퍼센트에 해당되는지 줄 세워집니다. 이러한 그래프에 부모들은 마음 졸이고요. 우리의 몸과 마음 그리고 생각들은 어느 하나 같은 것이 없고, '표준'이며 '기준'이라 불릴 만한 것들이 없습니다. 우리는 모두 다 다르고 그것이 정상입니다.

우리는 그 자체로 아름답습니다

오늘도 서울 강북구에 있는 소리를보여주는사람들(소보사)이라는 대안학교에는 만 4세 아이들부터 곧 열일곱 살이 되는 청소년까지, 다채로운 손짓과 반짝이는 눈빛으로 이야기를 나누는 아이들이 있습니다. 이곳에서 아이들은 장애를 극복하라는 강요를 받지 않습니다. 들리지도 않는 소리를 억지로 입 밖으로 내보라고 하지 않습니다. 자유롭게 뛰어노는 데 방해된다면 보청기는 빼두어도 그만입니다. 그것만으로도 아이들은 너무나 행복해합니다.

아이들은 나와 같이 수어를 쓰는 이모 삼촌들(농인교사)을 보면서 안정감을 얻습니다. 그리고 수어로 가득한 이 학교에서 정체성을 세워갑니다. 청력의 정도, 발음의 정확성, 한글을 얼마나 잘 읽고 쓰는지 등이 '나'를 만들거나 평가하지 않는 안전한 곳.

소보사라는 이 공동체 안에서 이들은 자신이 얼마나 귀하고 가치 있는 사람인지 알아갑니다. 학령기에 이렇게 든든하게 공동체 안에서 만들어진 정체성은 아이들이 어른이 되어 사회에 나아간 후 받을 수많은 편견과 상처로부터 보호해줄 방패가 됩니다.

물론 아무리 좋은 방패를 가졌다 해도 때로는 의심스럽습니다. '나는 들을 수 없고 말할 수 없는 장애인이구나, 결국 난 이 세상에서 아무것도 할 수 없구나' 이런 마음이 들기도 합니다. 그러나 그때 공동체를 떠올린다면, 그곳으로 돌아가 나를 믿어주고 내가 얼마나 가치 있는지 기억하고 지지해주는 어른들과 동무들의 품에 안긴다면, 그들은 다시 힘을 얻어 세상에 나아갈 수 있게 됩니다.

그렇게 자연스럽게 자신의 모양새대로 인정받으면 아이들은 바르게 자라납니다. 농인답게, 자기답게, 그렇게 자라납니다. 꼭 누군가처럼 되어야 할 필요는 없습니다. 무언가를 극복하고 넘어서기 위해 자신을 고치고 바꾸느라 힘들어할 이유는 없습니다. 정상, 비정상의 경계는 본래 없습니다. 우리는 그 자체로 각자 모두가, 다 아름답습니다.

(vol. 124, 2019. 7-8)

통합교육, 어디까지 왔을까

통합교육의 시작

우리 사회에서 통합교육은 1990년대에 들어 본격적으로 싹트기 시작했다. 1994년 「특수교육진흥법」을 3차 개정하면서 비로소 통합교육이 공식적으로 천명된 것이다. 공교육에서 장애를 이유로 입학을 거부하면 학교장이 벌금을 물어야 하고, 장애학생이 배치될 수 있는 특수학교, 특수학급, 일반학급 중에서 가장 첫 번째로 고려될 곳은 '일반학급'임을 법적으로 명시했다.

김수연 _ 1990년대 초 초등학교 특수학급 담임으로 교사생활을 시작해 지금은 경인교육대학교에서 특수(통합)교육을 가르치고 있다.

그러나 학교 현장은 법에 제시된 통합교육의 이념, 가치와는 거리가 멀었다. 지금이라면 인권위원회에 진정을 접수할 만한 일이 매일같이 일어났다. 예를 들어 한 초등학교에서는 월요일 아침마다 전교생이 운동장에서 조회를 하는데(심지어 '애국조회'였다), 1학년 1반부터 6학년 10반까지 모이고, 그 옆에 특수학급 아이들만 따로 줄을 섰다. 특수학급에 배치되어 특수교육을 받는 학생들도 분명 일반학교에서 '통합교육'을 제공받아야 할 학생들이지만, 작은 섬처럼 완벽하게 분리되어 교육을 받았다. 일명 '전일제' 수업으로 장애학생은 특수학급으로 등교하여 공부하고, 급식도 특수학급에서 먹고 하교하는 식이었다.

그럼에도 법 제정과 함께 1990년대에 통합교육의 두 번째 씨앗이 심어졌는데, 그것은 바로 임용시험[1]을 통한 특수학급 교사의 배치였다. 나는 특수학교 교사를 선발하는 임용시험이 처음 치러진 1992년에 특수학급 교사로 발령을 받았다. 국공립 특수학교가 거의 없던 시절이었기 때문에, 임용시험을 준비한다는 의미는 특수학급 교사가 된다는 것, 다시 말해 통합교육 실행 주체가 된다는 것과 동의어로 인식되었다.

그런데 첫 발령을 받은 학교에서 신규 특수학급 교사를 제외한 모든 학교 구성원이 통합교육을 반대하는 경험을 했다. 관리

---

1 정확한 명칭은 '임용후보자 선정경쟁시험'이다.

자는 안전을, 일반교사는 발달상의 차이를, 일반학생들은 낯설음을 이유로 통합교육에 반대했다. 심지어 장애학생의 부모까지 또래의 놀림을 걱정하며 통합교육을 거부했다. 그때 특수교사인 내가 가장 많이 들었던 단어는 '시기상조'라는 말이었다.

통합교육을 꿈꾸던 신규교사들의 기대는 누더기가 되었지만, 그 시기 공립학교의 특수학급을 맡은 몇몇 교사들은 '전문적학습공동체'의 전신 모임인 서울경인특수학급교사연구회 등을 만들어 전일제 특수학급 시스템을 시간제 특수학급으로 변화시키고 부분적인 통합교육을 시도했다. 이 모임에서 특수학급 교사들이 가장 먼저 한 일은, (PC도 제대로 보급되지 않은 시절에 수작업으로) 장애학생용 교재를 만들고 비장애학생들에게 장애이해교육을 하며 장애인에 대한 인식 개선을 시도하는 것이었다.

'일반학급 수업을 따라가지도 못할 텐데 왜 하느냐, 미국과 비교하여 아직은 시기상조인데 꼭 지금부터 해야겠느냐, 통합은 진정 장애학생을 위한 게 아니다' 등등 온갖 우려 섞인 비난 속에서도 특수학급 교사들은 통합교육을 꾸준히 시도했다.

세련된 듯 세련되지 않은

2000년대에 들어 일어난 중요한 사건 역시 법의 제정이다. 「장애인 등에 대한 특수교육법」이 2007년에 제정되었으며, 특수교육 보조인력 제도 역시 2004년에 본격적으로 시작되었다. 이를 통해 중도·중복장애학생도 통합교육을 받을 수 있게 되었으며, 「특수교육진흥법」에 비해 훨씬 강력한 법의 제정으로 '장애학생 은 특수학교에 가야지'라는 말을 공식적인 자리에서는 더 이상 입 밖으로 내지 못하게 되었다.

사회적인 인식도 진일보하였는데, 한 예로 이때 널리 쓰이게 된 용어가 '장애우'이다. 장애우라는 명칭은 1980년대에 장애우 권익문제연구소에서 당시 장애인을 비하하는 여러 호칭을 대신 하고자 만들어낸 용어이다. '장애자'를 '장애인'으로 수정하자는 정도의 의견도 엄청난 반대에 부딪혔던 시기라 쉽지는 않았지만 1990년대 후반부터 2000년대 들어서는 신문 기사와 방송에서 '장애우'라는 용어를 어렵지 않게 들을 수 있게 되었다.[2]

이 법안을 시작으로 통합교육은 양적으로 팽창하였으며, 이에 맞추어 특수학급 교사들은 장애학생의 사회적 통합과 교육과정 통합에 많은 노력을 기울였다. 전래놀이부 같은 동아리를 개설해 장애학생이 좀 더 적극적으로 활동할 수 있도록 한다든지, 통합 학급 교사와 팀티칭을 하면서 장애학생이 통합학급 수업에 참여 할 수 있도록 도왔다. 의료적 관점의 장애이해교육은 오히려 독 이 될 수 있다는 인식도 갖게 되었다. 장애를 '극복'하고 성공한

2　하지만 이 용어가 마치 장애인은 친구하자 하면 응당 응해야 할 것 같은 '비장애 중심 주의'를 내포하고 있다는 비판이 제기되면서 현재는 사용하지 않는다.

장애인을 소개하거나 시각장애, 청각장애 같은 것을 '체험'하며 그 불편을 느껴보는 식의 장애이해교육이 장애학생과의 통합에 도움이 되기 어렵다는 사실을 깨닫게 된 것이다.

2012년에는 경인교육대학교를 비롯한 3개 초등교사 양성기관에 특수(통합)교육 심화전공이 개설되어, 통합교육 역량을 갖춘 일반교사도 배출하게 되었다. 통계에 의하면, 2020년 현재 장애학생의 70% 정도가 통합교육을 받고 있다. 일반학급에서 완전통합교육을 받고 있는 학생도 20% 가까이 된다. 학교 현장에서는 통합교육의 감동적인 성공 사례도 축적되고 학문적으로도 관련 연구가 활발하게 이루어졌다고 볼 수 있다.

그러나 2017년, 한 장의 사진으로 사회에는 큰 파문이 일었다. 서울 강서구의 특수학교 설립 주민토론회장에서 장애자녀를 둔 어머니들이 무릎을 꿇은 모습의 사진이다. 이 사건에 대한 해석은 다각도로 이루어질 수 있는데, 그중 내가 충격을 받은 것은 많은 관련자들이 이 사건의 원인과 해결 방안을 '특수학교 설립'으로 본다는 사실이었다.

그러나 이 사건의 근본적인 원인은 '특수학교의 부족'보다는 '통합교육 실행의 미흡함'에 있다. 특수학교가 부족하므로 많이 늘려야 하는 것이 아니라, 장애학생의 부모들이 집 앞에 있는 일반학교의 특수학급 또는 일반학급을 당연하게 선택하지 못할 정도로 통합교육의 질적 수준이 담보되지 않았다는 문제를 짚어야 한다. 이는 근본적으로 통합교육의 질적 수준이 상향평준화되어야 해결할 수 있는 사안이다.

그동안 우리 사회가 교육 약자를 대하는 태도가 꽤 성숙한 수준이라고 생각해왔는데, 이 사건을 통해 실상은 그렇지 않다는 것을 알게 되었다. 애써 외면해온 민낯이 드러났다. 장애학생은 특수교육에서, 비장애학생은 일반교육에서 맡는 식의 이원화된 인식과 제도하에서는 통합교육의 발전이 정체될 수밖에 없다.

통합교육은 모든 학생에게 선善이다

2020년, 전 세계는 코로나19라는 직격탄을 맞았다. 학교가 문을 닫으며 다들 힘들었지만 장애학생과 그 가족들에게는 상상을 초월할 정도로 힘든 한 해였다. 2021년, 올해는 수도권 내 특수학교의 모든 학생이 매일 등교를 한다. 일반학교의 장애학생도 일반 등교일에는 통합학급으로 가고 나머지 요일은 특수학급에 가면서 최대한 돌봄과 교육 공백을 줄이려 애쓰고 있다.

비장애학생도 마찬가지지만 특히 장애학생의 사회성 기술 습득 부족은 큰 문제다. 이 문제를 해결하기 위해 타인의 얼굴을 보고 감정을 읽는 것에 어려움이 있는 자폐성 장애학생을 위한 애플리케이션이 개발되었다는 외국 논문을 보았다. 우리나라에서도 VR(가상현실) 기술을 활용하여 가상 공간에서 지역사회 활용,

주문하기, 서빙하기 등의 기술을 연습할 수 있도록 하는 연구들이 시도되고 있다. 코로나19로 급격히 앞당겨진 AI 시대에는 연구에 그치는 게 아니라, 실제 교실에서 교사와 학생들이 이런 기술에 친숙해져야 한다.

2021년 3월 2일 한 온라인 커뮤니티에 '도대체 장애아를 왜 일반고에 보내시나요?'라는 제목의 글이 올라왔다.[3] 제목을 보는 순간 가슴이 철렁했다. 통합교육이 시작된 30년 전으로 퇴보한 듯한 착각이 들어서였다. 그런데 다시 정신을 차리고 보니, 글자 하나가 달랐다. 바로 일반'고'였다. 과거였다면 '도대체 장애아를 왜 일반 초등학교에 보내시나요?'라는 제목의 글이었을 것이다.

지금까지는 초등학교에서의 통합교육이 가장 크게 발전해왔는데 그 요인으로 의무교육 제도, 관련 법 제정, 특수학급의 양적 확대, 전공교사 배치를 들 수 있다. 현재 일반 유치원과 고등학교 과정은 의무교육이 아니므로 통합교육 역시 시작 단계다. 초등교육의 사례는 다른 교육단계에서도 통합교육을 성공적으로 실행하기 위해 무엇이 필요한지, 방향성을 제시해준다.

궁극적으로 유아부터 고등학생까지 통합교육의 발전 방향은 전체 교육 속에서 '모든' 학생의 진정한 배움과 성장을 추구하는 쪽이 되어야 할 것이다. 통합교육을 실현한다는 것은 장애학생이

---

3 장애학생이 일반학교 갈 수밖에 없는 안타까운 이유, 《머니투데이》, 2021. 3. 4.

일반학교에서 교육받는다는 것 이상의 의미를 담고 있다. 모든 학습자에게 개별적으로 최상의 맞춤 교육을 하는 것이 통합교육이라는 데 구성원이 합의하고 노력해가는 과정, 실은 그 자체가 통합교육이다.

통합교육의 성공은 미지의 땅을 정복해 꽂은 깃발 같은 것으로 측정할 수 있는 게 아니다. 우리 아이가 불안 수준이 높아서 발표를 못하는데 수업 시간에 힘들지 않을까? 또래에 비해 키가 작고 왜소한데 학교폭력의 피해자가 되는 것은 아닐까? 단짝 친구가 없는데 학교생활을 잘할 수 있을까? 한글을 못 떼고 입학하는데 괜찮을까? 장애 여부를 떠나 모든 부모들이 이런 걱정 없이 아이를 공립학교에 보낼 수 있다면 그게 바로 통합교육이 잘 진행되고 있다는 방증이다. 자꾸 온라인 수업에 늦게 로그인하는 친구가 있을 때, 또는 식당 의자가 바뀌어서 장애학생의 휠체어가 들어가지 못하게 되었을 때 개인의 문제로 치부해버리지 않고 다 같이 협력해 문제해결을 시도한다면, 통합교육 시스템이 잘 작동하고 있는 것이다.

통합교육은 그 효과성을 결과로 따질 수 있는 것이 아니라 '지금' '우리가' 각고의 노력을 기울여야 하는 과정으로, 언제나 '모든' 학생들에게 '선'이다.

(vol. 134, 2021. 3-4)

포용 사회로 나아가는 길

이상한 특수교육학개론

20세기 끝자락에 나는 한 대학의 초등교육과에 입학했다. 대학교 2학년이 되던 해에 특수교육을 복수전공 하기 시작했는데, 친구들 사이에 불었던 복수전공 열풍에 편승한 결정이었다. 대학교 입학과 동시에 주변에서 어렴풋이 장애통합교육에 대해 들었고, 교사로서 만나게 될 장애학생에 대해 배우는 것이 나에게 도움이 될 것 같았다. 그렇게 특수교육학개론 강의를 듣게 되었다.

엄수정 _ 경기도교육연구원 부연구위원. 포스트 이론과 장애학을 토대로 학교에서 발생하는 소외와 배제, 차별 현상을 탐구하고 있다.

특수교육학개론 교재는 장애 범주에 따라 장이 구성되어 있었고, 장애를 설명하는 글에는 '손상' '제한' '결함' '비정형' '비정상' 등의 단어들이 빈번히 등장했다. 나는 그런 단어들이 불편하게 느껴졌다. 장애 범주별 특성에 따른 '중재' 방법에 대해 배우며 어딘가 모르게 부자연스럽고 기계적이라는 생각이 들었다. 무엇보다도 내가 그동안 초등교육과에서 배웠던 것과 너무나도 다른 게 이상했다. 같은 연령의 학생을 대상으로 하는 두 분야에서 이렇게나 다른 지식과 교수방법을 가르친다는 사실을 이해하기 어려웠다. 그러나 인간은 적응의 동물이라고 하지 않았던가. 대학생활 내내 여러 특수교육 전공 수업을 들으며 나는 적응했다. 이상하다고 생각했던 것을 당연한 것, 장애학생을 가르치기 위한 전문지식으로 여기게 되었다.

그로부터 20년이 지난 지금, 특수교육학개론의 위상은 높아졌다. 현재 교사가 되려는 모든 학생은 특수교육학개론 과목을 수강한다. 내가 대학을 다니던 시절에는 1994년 제정된 「특수교육진흥법」의 통합교육 관련 조항의 영향으로 일반학교에 장애학생을 배치하여 교육하는 논의가 시작되었다. 그러나 2007년에 「장애인 등에 대한 특수교육법」이 통과되면서 물리적 통합을 넘어선 사회적 의미의 통합교육이 강조되기 시작했고, 이 영향으로 2009학년도 입학생부터 교사자격증을 취득하기 위해서는 특수교육학개론 과목을 반드시 들어야 한다.

현재의 예비교사들은 과거의 내가 그랬듯이 장애 유형, 유형 별 정의와 발생 원인, 진단 방법, 해당 장애를 진단받은 아동 특 성, 중재 방법 등을 배운다. 특수교육학개론을 수강한 예비교사 들은 은연중에 장애를 '문제'나 '결핍'으로 여기고, 본인의 역할 을 학생의 '문제'를 파악하고 그것을 수정하거나 개선하는 것으 로 여길 수 있다.

그러나 여기서 우리는 이 교육과정이 선택과 배제, 포함과 제 외의 산물이라는 사실을 상기할 필요가 있다. 특수교육학개론 교 재와 강의가 포함하는 내용은 무엇이며 포함하지 않는 것은 무엇 인가? 그것이 함의하는 바는 무엇인가? 왜 나를 포함한 많은 교 사들은 장애 개념이 어떠한 사회문화적 맥락에서 생성되고 발전 되어왔는지, 특수교육 지식이 사회의 지배 이데올로기와 어떤 관 련이 있고, 통합교육의 이상 실현에 반하는 효과를 낳지는 않는 지 깊이 사고할 수 있는 기회를 갖지 못했을까?

'정상'이란 무엇인가?

대학 졸업 후 초등교사로 임용된 나는 장애학생이 배치된 '일 반'학급에서 교직생활을 했다. 다양한 학생들에게 다양한 교수적 시도들을 하면서 내가 지속적으로 마주해야 했던 것은 나의 무 능함이었다. 내가 만난 학생들은 장애와 비장애라는 범주로 나눌 수 없을 만큼 각자의 흥미, 요구, 경험이 크게 달랐고 그들을 이해하는 것조차 어려웠다. 모든 학생들이 서로 어울리고 학습에 즐겁게 그리고 각자에게 의미 있는 방식으로 참여할 수 있는 학급을 만들겠다는 나의 목표는 이룰 수 없을 만큼 원대한 꿈으로 느껴졌다. 새로운 배움이 필요하다고 생각했고, 그렇게 미국의 한 대학원에 진학하게 되었다.

2007년 가을, 박사과정을 막 시작했을 때 지도교수와 나누었던 대화를 지금도 잊지 못한다. 점심식사를 함께하며 어떻게 대학원에 오게 되었는지, 왜 이 전공을 선택했는지 묻는 교수님께 통합교육과 관련한 나의 경험과 고민을 설명했다. 고개를 끄덕이며 내 이야기를 끝까지 경청하던 교수님은 내가 비장애학생을 '정상'이라고 호칭했다는 사실을 언급하며 넌지시 질문 하나를 던졌다. 정말 무심한 말투였다. "What is normal(정상이라는 게 뭘까)?" 난 아무 말도 못했고, 얼어붙었다. 그 짧은 질문 하나로 내가 너무나도 익숙하게 사용했던 '정상'이라는 개념이 순간 낯설게 느껴졌다. 사회의 지배적 사고에 순응한 것만 같아 창피했고, 질문에 대한 답을 찾느라 머릿속이 복잡했다.

그 후 박사과정에서 장애학Disability Studies[1]을 만나게 되었다. 미국

---

1 장애학은 1970년대 후반 북미와 서유럽에서 장애인권운동과 함께 등장했다. 장애를 개인의 문제가 아닌 사회적 부산물로 재개념화하며, 장애와 사회 간의 역동적인 상호작용을 비판적 관점에서 분석하는 다학제적 학문이다.

의 장애학자인 레나드 데이비스Lennard Davis는 정상성normalcy이라는 개념을 통해 장애차별주의를 분석한다. 그의 연구에 따르면, 과거 서구 사회에서는 '정상'이라는 개념이 아닌 '이상理想'이라는 개념만이 존재했다. 사람들은 제우스나 비너스와 같은 고대 신들의 몸, 인간이 가질 수 없는 '이상'적인 몸을 갈구했다. 데이비스는 '정상'이라는 개념이 서구 사회에서 등장하게 된 것은 1840년에서 1860년대 사이라고 추정한다. 통계학이 태동했던 바로 그 시기다. 데이비스는 정상성이 현대사회에 하나의 이데올로기로 깊숙이 침투해 있다고 주장한다. 현대인들에게 정상성은 진보, 발전과 연관되므로 비정형적인 특징을 보이는 사회 구성원들을 정상화하는 것이 바람직하다는 인식이 지배적이다.

사회과학에 통계학을 적용한 아돌프 케틀레Adolph Quetelet는 '평균적인 인간'이라는 개념을 제시했다. '정상'은 '이상'이라는 개념과는 다르게, 대부분의 사람들이 가질 수 있는, 혹은 가져야만 하는 무언가를 의미한다. 정상분포곡선을 떠올리면 대부분은 정상 범주 안에 있음을 쉽게 이해할 수 있다. 동시에 정상분포곡선의 양극단은 언제나 정상 범주에서 이탈해 있다. 이 '정상'이라는 개념은 우생학에 대한 관심과 발전으로 연결되기도 한다.[2]

교육 영역으로 돌아와보면, 많은 사람들은 통합교육을 실천하

---

2 프랜시스 골턴, 칼 피어슨, 로널드 피셔와 같은 초기 통계학자들은 우생학의 주요 인물들이다.

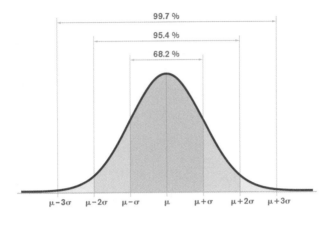

정상분포 곡선

기 위해서 특수교육에 관한 지식이 필요하다고 생각한다. 또한 장애학생의 '비정형적인' 특징을 이해하고 그것을 '정상화'하여 '일반'학생들과 함께 어울릴 수 있도록 하는 것이 중요하다고 믿는다. 그러나 우리는 스스로에게 질문을 던져야 한다. 무엇이 정상인가? 우리가 말하는 '일반' '평균' 혹은 '보통' 학생은 누구인가? 2020년, 유네스코는 「세계 교육 현황 보고서」에서 "우리 모두가 공통적으로 가지고 있는 한 가지는 우리의 다름 difference"이라고 주장하며, 흥미로운 그림 하나를 제시한다.[3]

---

3 '포용과 교육 : 모두는 모든 이를 의미한다(Inclusion and Education: All Means All)'라는 제목으로 「2020 세계 교육 현황 보고서(GEM Report)」를 발표했다.

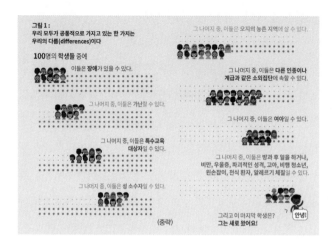

그림 1:
우리 모두가 공통적으로 가지고 있는 한 가지는
우리의 다름(differences)이다

100명의 학생들 중에

이들은 장애가 있을 수 있다.

그 나머지 중, 이들은 가난할 수 있다.

그 나머지 중, 이들은 특수교육 대상일 수 있다.

그 나머지 중, 이들은 성 소수자일 수 있다.

그 나머지 중, 이들은 오지의 농촌 지역에 살 수 있다.

그 나머지 중, 이들은 다른 인종이나 계급과 같은 소외집단에 속할 수 있다.

그 나머지 중, 이들은 여아일 수 있다.

그 나머지 중, 이들은 방과 후 일을 하거나, 비만, 우울증, 파괴적인 성격, 고아, 비행 청소년, 왼손잡이, 천식 환자, 알레르기 체질일 수 있다.

그리고 이 마지막 학생은? 그는 새로 왔어요! 안녕!

(중략)

이 그림은 100명의 학생들 중에서 장애학생, 특수교육 대상자, 저소득층 가정 자녀, 성소수자, 이주자, 국내 실향민, 난민, 다른 인종이나 언어 혹은 종교적 소수 집단 구성원, 농촌 지역 거주자, 여학생 등을 제외하고 나면 아무도 남지 않는다는 것을 보여주면서 우리가 흔히 말하는 '일반학생'이라는 개념의 허구성을 꼬집는다. 우리는 왜 특정한 존재 방식이 바람직하거나 혹은 바람직하지 않은 것으로 인식되는지, 그러한 인식이 어떻게 학교라는 공간 안에서 '상식'으로 자리매김되어왔는지, 이것이 특혜와 억압을 어떻게 생성하는지를 면밀히 살필 필요가 있다. 정상성에 근거한 사고와 교수적 실천이 통합교육의 이상과 어떻게 충돌하는지 인식해야 한다.

통합교육에 대한 새로운 상상

장애학자들은 통합교육이 갖는 한계와 가능성을 탐색해오고 있다. 이들은 특수교육 영역에만 국한된 통합교육 논의를 아쉬워하는 동시에, 장애아동의 결핍을 부각시키는 교육적 접근을 비판하고 통합교육의 재개념화를 시도하고 있다. 학자들은 우리가 통합을 '장애'라는 라벨을 가진 학생을 일반학교에 재배치하는 것 정도로 이해한다면 학교의 뿌리 깊은 배제성에 집중하기 어렵다고 지적한다. 우리가 일부 학생의 '특수성'에만 집중한다면, 다양한 앎과 삶의 방식을 포용하지 못하는 지금의 학교 상황을 성찰하기 어렵다는 것이다.

장애학자들은 통합교육을 '모두를 위한 교육'으로 재개념화하며 교육적 통합에 대한 포괄적인 관점을 제시한다. 발라드Ballard는 통합교육을 장애뿐만 아니라 "빈곤, 젠더, 소수 인종 지위, 사회의 지배 문화에 의해 중요하다고 간주되는 다양한 특성들과 관련하여 학교에서 불이익을 경험하는 모든 학생의 교육 접근성과 참여를 증진시키는 것"이라고 본다.[4]

통합교육은 접근성과 관련된 모든 종류의 장벽을 제거하는 것, 차별

---

4   Keith Ballad, 『Inclusive education: International voices on disability and justice』, Psychology Press, 1999, p. 780.

을 경험하는 모든 학생들을 위한 교육을 의미한다. 이러한 접근은 민주주의, 시민권, '좋은' 사회라는 개념에 뿌리를 둔다. (중략) 그러므로 통합교육이란 그 자체가 목적이 아니라 포용 사회의 실현을 위한 수단이다.

그럼에도 지금의 학교는 '모든' 학생들을 위한 공간이 아니다. 학생이란 누구이고 어떠한 방식으로 행동하고 학습해야 하는지, 누구와 어떠한 방식으로 상호작용해야 하는지 등에 대한 규범적 지식이 지속적으로 생산되기 때문이다. 학생이라면 수업 시간 내내 자리에 앉아 있어야 하고, 책을 눈으로 읽고 이해할 수 있어야 하며, 한국어를 통한 구어적 의사소통을 할 수 있어야 하고, 특정 학년이 되면 그에 맞는 '학업 수준'을 보여야 한다는 식이다.

학교는 그러한 규범에서 벗어난 학생들을 식별하고 분류하며 효과적으로 다루기 위해 필요한 지식 역시 생산한다. 대학에서 주로 쓰는 아동·청소년 발달에 관한 서적, 특수교육 서적 등에서 그러한 지식을 쉽게 찾아볼 수 있다. 학생에 대한 규범적 지식은 상식과 통념이 된다. 학교라는 공간에서 특정 종류의, 특정 정도의 '다름'을 보이는 학생들은 타자화된다. 여기에는 장애학생뿐 아니라, 위의 유네스코 보고서가 제시하고 있는 집단의 학생들도 포함된다. 그렇게 타자화된 학생들을 통념과 관습이 자리 잡은 기존의 공간에 편입시키려는 노력은 성공하기 어렵다.

장애학자들이 주장하는 것과 같이, 통합교육은 모든 학생들이 어떤 종류의 차별도 없이 질 높은 교육에 접근할 수 있도록 '동일성'이 아닌 '다양성'에 근거하여 교육체계 전반의 변화를 꾀하는 교육운동으로 재개념화되어야 한다. 물론 학생이 가진 차이를 긍정적으로 받아들이고 포용하며, 이를 고려한 교육을 제공할 수 있도록 일반적이고 보편적인 교육환경을 구성하는 것이 통합교육의 핵심이다. 그러나 학생들이 보이는 다양성을 단순히 포용하는 데서 더 나아가 다양성에 대한 학생들의 비판적 이해를 도모하는 교육으로 발전해갈 필요가 있다.

이미 다문화교육, 민주시민교육, 세계시민교육, 사회정의교육 등이 교육 현장에서 이루어지고 있지만, 우리 사회에서 무엇이 '다름'으로 인식되고 '다름'이 어떻게 해석되는지, 그러한 의미화 과정은 사회적 배제와 어떠한 관련성이 있는지에 대한 학습 경험을 제공하는 것이 중요하다. 학생들이 자신의 다름을 긍정하고 자신과 다른 존재를 존중하며 함께 살 수 있는 능력을 기르는 것 또한 통합교육의 목표에 포함되어야 한다. 통합교육을 지향하는 것은 학교 문화와 교수 방식에 내재한 배제적이고 차별적인 사고와 행동양식에 저항하고 이를 변화시키기 위해 노력하는 것을 의미한다.

이러한 변화를 위한 노력의 주체는 교사만이 아니다. 학교 역시 사회의 일부이므로, 이 사회를 함께 살아가는 우리 모두에게는 변화 주체로서의 책무가 있다. 모든 학생의 존엄을 보호하고 확장하며, 개별 학생이 지닌 고유성의 탁월한 발현을 촉진하는 공간으로 학교를 변혁하는 과제는 우리 모두의 몫이다.

(vol. 134, 2021. 3-4)

2부
통합교육의 실제

정상, 비정상의 경계가 사라진 교실

특수교육과의 만남

평범한 초등교사였던 내가 특수교육을 만나게 된 것은 둘째 아이 덕분이다. 아이는 우리나라에 30여 명 밖에 안 되는 난치질환을 가지고 태어났다. 그로 인한 뇌손상으로 발달장애를 가지게 되었다. 아이를 키우며 나는 끝없이 절망하였고, 감당할 수 없는 슬픔이 밀려와 삶을 포기하고도 싶었다. 하지만 희귀난치질환 아이들을 헌신적으로 치료해주시는 의사선생님을 만나면서 삶이

김명희 _ 초등교사로 일하다 뒤늦게 특수교육을 전공하고 지금은 모든 아이들을 위한 신경다양성 교실을 연구, 실천하고 있다. 함께 쓴 책으로 『교사 통합교육을 말하다』가 있다.

조금씩 안정되기 시작했다.

아이가 여섯 살쯤 되었을 때 선생님은 아이의 면역력이 많이 좋아졌으니 교육기관에 다녀도 좋겠다고 하셨다. 집 근처에 마침 장애 전담 어린이집이 있어서 그곳에 아이를 보내면서도 걱정이 되었다. 눈맞춤도 의사소통도 되지 않고 엄마와 떨어지는 것도 힘들어하는 아이가 과연 선생님, 친구들과 잘 지낼 수 있을지 불안하기만 했다. 그런데 어린이집 선생님들은 늘 따뜻한 눈빛으로 아이가 적응할 수 있도록 기다려주고 아이를 이해해주었다. 아이 하나하나의 특성을 고려해 수업을 계획했고, 아이와 일대일로 만나며 하루하루를 보냈다. 세상에 이런 선생님들도 있다니⋯ 너무나 고마웠다. 그 기다림 끝에 아이는 어린이집에 잘 적응할 수 있었다.

어린이집 원장님은 일반유치원을 운영하다가 장애유아들이 갈 곳이 없는 것을 보고 안타까운 마음에 뒤늦게 특수교육을 공부하고 장애아를 위한 어린이집을 열었다고 했다. 어느 날 원장님이 내게 앞으로의 계획을 물었다. 아이를 내가 키울 수밖에 없어 휴직기간이 끝나면 사직을 생각한다고 말씀드렸다. 원장님은 사직하지 말고 특수교육을 공부하고 난 후에 복직을 하면 어떻겠느냐고 권하셨다.

그 말씀에 갑자기 이 길이 내 길일지도 모른다는 생각이 들었다. 어릴 적 아이가 많이 아팠을 때, 나는 종교가 없지만 본능적으로 간절히 기도하고 또 기도했다. 아이만 아프지 않고 잘 클 수 있다면, 남은 인생은 우리 의사선생님처럼 내 아이와 같은 아이들을 위해 살겠다고…. 원장님의 권유는 그때의 다짐을 일깨웠다. 그렇게 나는 늦은 나이에 대학원에서 특수교육 공부를 시작했다.

특수교육 공부를 하며 느낀 특수교육과 일반교육의 가장 큰 차이는 바로 '개별 학생에 대한 관심'이었다. 일반교육은 집단교육을 하기 때문에 평균 수준의 아이들에 맞추어 수업을 계획하고 실행하는 것이 보통이다. 그러나 특수교육은 개별 학생의 특성을 관찰하고 그에 따른 교육적 처방을 내려 아이에게 맞는 수업을 계획하고 실천한다. 이것을 '수업의 임상적 접근'이라고 한다. 임상은 원래 의사나 상담가가 환자나 내담자의 치료와 상담을 목적으로 병상에 임하는 일을 말한다. 의사가 병상에서 임상을 하듯 교사는 교실에서 개별 학생에 대한 사례를 연구한 후 교육활동을 한다. 나는 '수업의 임상적 접근'에 완전히 매료되었다. 일반교육에서는 이러한 접근을 쉽게 찾아볼 수 없었기 때문이다.

대학원을 마치고 8년 만에 청주의 한 시골학교로 복직했다. 가슴이 벅찼다. 누구보다 정성을 다해 아이들을 가르치리라 마음먹었다. 전교생 50여 명의 작은 시골학교에는 장애학생이 일곱 명이나 되었다. 나는 장애학생이 있는 통합학급을 맡아 대학원에서 공부한 것을 적용해보았다.

2년 동안 청주에서 교사생활을 마치고 서울로 복귀 발령을 받았다. 전교생 50여 명의 시골학교에서 전교생 1,700여 명의 도시학교로 오게 된 것이다. 과연 이곳에서도 모든 학생을 위한 통합교육을 잘 펼쳐나갈 수 있을까, 걱정과 기대가 동시에 되었다.

통합교육은 교사의 숙명

도시에서도 통합학급을 맡고 싶었지만 우리 반에는 장애학생이 없었다. 통합교육 연구를 이어갈 수 없을 것 같아 아쉬웠다. 그런데 나는 곧 통합교육이 교사의 숙명이라는 것을 깨달았고, 일반교육에서도 수업의 임상적 접근이 꼭 필요하다는 걸 절감했다. 겉으로는 아무 문제가 없는 아이들 같았지만 사실은 그렇지 않았다. 우리 반에는 틱이 있는 아이가 세 명 있었고, 말을 더듬는 아이, 선택적 함묵증이 있는 아이, 분노조절에 문제가 있는 아이, ADHD가 있는 아이, 학습부진이 있는 아이도 한 명씩 있었다. 더구나 이들은 장애학생으로 분류되지 않아 돌봄의 사각지대에 놓여 있었다.

이 아이들도 배움의 테두리 안에 들어올 수 있으려면 임상적 접근을 통한 개별화교육은 필수다. 집단교육을 하면서도 그 안에서 개별화교육을 하는 것, 이것이 바로 통합교육인 것이다. 이러한 아이들이 비단 우리 반에만 있는 건 아니었다. 같은 학년 선생님들의 이야기를 들어보니 다른 반도 비슷한 분포를 보이고 있었다. 이제는 어느 학교에 가든 어느 학급을 맡든 통합교육은 결국 교사의 숙명이라 할 수 있다.

통합교육이 교사의 숙명이라면 교사들은 '다양성'을 지닌 아이들을 과연 어떻게 바라봐야 하는지 그 관점을 명확히 할 필요가 있다. 관점을 가다듬는 것만으로도 교사와 부모, 아이들의 삶이 훨씬 더 행복해질 수 있기 때문이다. 교사들이 아이들을 '신경다양성neurodiversity'의 관점에서 바라보면 좋겠다.

신경다양성이라는 개념은 10여 년 전에 등장했는데, 우리나라에는 토머스 암스트롱의 『증상이 아니라 독특함입니다』라는 책이 번역 출간되면서 조금씩 알려지고 있다. 신경다양성이라는 관점에서 보면 인간의 두뇌 역량은 연속선상에 존재한다. 즉 인간의 차이를 정상·비정상으로 나누지 않고 하나의 넓은 스펙트럼 안에 다양한 역량이 존재한다고 보는 것이다. 사회성을 예로 들면 가장 왼쪽 끝에는 자폐적 성향이 강한 사람이 있을 것이며, 그다음은 아스퍼거증후군, 그다음은 자폐증은 아니지만 공동체에 잘 섞이지 않으려는 사람, 내성적인 사람, 혼자 있기를 좋아하는 사람, 보통의 사교성을 가진 사람 순이며 오른쪽 끝으로 갈수록 대단히 사교적인 사람, 지나치게 사교적인 사람까지 모든 사람들이 하나의 연속선상에 존재하는 것이다.

만약 우리 반에 자폐아동이 있다면 이 아이도 사회성의 연속선상에 있는 다양한 학생 중 한 명이라고 할 수 있다. 정상·비정상의 구분을 거부하는 것만으로도 굉장히 혁신적인 관점이라고 할 수 있는데, 신경다양성 관점에서는 더 나아가 특별한 아이들의 결핍에 집중하는 것이 아닌 강점을 활용한 교육을 강조한다.[1] 아이가 세상에 잘 적응하고 잠재력을 최대한 발휘할 수 있는 환경을 만들어주어야 한다는 것이다.

그동안 우리는 소위 '비정상' 범주에 있는 아이들의 결함에 초점을 맞추고 그것을 교정하고 개선하는 데에만 집중하는 이른바 '결함 기반 교육'을 해왔던 것이 사실이다. 결함을 중심으로 접근하는 것은 잠재 능력과 가능성에 대한 기대가 낮을 수밖에 없으며, 의학적 진단에 매몰되어 낙인효과를 가져오는 등의 부작용이 있었다. 그러나 신경다양성 기반 교육은 강점 중심의 접근이므로 학생의 가능성에 대한 높은 기대감으로 적소구축을 통해 더 높은 성취와 성장을 이끌어낼 수 있다.

신경다양성 교실

도시학교에서 나는 26명의 아이들이 있는 4학년 학급을 맡았다. 우리 반에는 ADHD 성향이 있는 철민(가명)이라는 아이가 있

---

1 이것을 '적소구축'이라고 하는데 뇌의 긍정적인 면을 최대화하고 부정적인 면을 최소화하여 아이의 특성에 맞게 강점을 발휘할 수 있는 환경을 구축하는 것을 말한다.

었다. 철민이에게 의미 있는 수업이라면 우리 반의 모든 아이들에게도 배움이 일어날 거라고 생각했다. 나는 철민이의 특성에 맞는 신경다양성 교실을 만들어보기로 했다.

철민이는 가만히 앉아 있는 것을 가장 힘들어했다. 수업 시간 쉬는 시간 가리지 않고 끊임없이 움직이고, 여기저기 참견하면서 돌아다녔다. 참견을 하다 보면 아이들과 이내 싸움이 붙고 철민이의 공격적인 행동으로 아이들은 울음을 터뜨리며 내게 달려왔다. 철민이는 부주의, 과잉 행동, 주의력 결핍, 공격성, 충동성까지 전형적인 ADHD 증상을 보이고 있었다. 「DSM-5」(정신장애 진단 통계 편람) ADHD 진단 항목들에 거의 다 들어맞는 특성이었다. 철민이에게 그런 특성이 있다는 걸 알았으니 의학적 관점으로 철민이를 바라보는 것은 거기까지였다. 이제부터 교사로서 내가 할 일은 철민이의 결핍이 아닌 강점에 초점을 맞추는 일이었다.

나는 수업 시간에 철민이에게 가만히 앉아 있으라고 말할 때면 죄책감이 밀려왔다. 철민이가 괴로워하는 것을 뻔히 알면서도 묵인하는 것 같았다. 그래서 하루에 적어도 한 시간 정도는 모두 자리에서 일어나서 하는 활동적인 수업을 계획했다. 예를 들어 수학 시간에 연습문제를 풀 때 아이들의 손등에 각자 다른 숫자 스티커를 붙여주고 교실을 돌아다니다 친구를 만나면 그 친구의 손등에 붙어 있는 숫자로 함께 곱셈과 나눗셈을 하는 식이었다. 사회 시간에 경제교류에 대해 배울 때는 모둠별로 상점을 차

리고 다른 모둠을 방문해 필요한 물건들을 사고팔도록 했다. 국
어 시간에는 친구들과 만나 상황과 장소에 맞는 대화를 주고받으
며 서로 사인을 보내는 활동을 하기도 했다. 모두가 일어나서 수
업을 하니 움직임이 많은 철민이가 전혀 눈에 띄지 않았다. 철민
이는 아주 신이 나서 수업에 끝까지 참여했다.

철민이의 움직임 욕구를 충족시키기 위해 도구도 적극적으로
이용했다. 첫 번째 도구는 짐볼이었다. 아이들 의자 높이의 짐볼
네 개를 한 모둠에 주고 한 시간씩 모둠별로 돌아가며 앉게 했다.
짐볼에 균형을 잡고 앉아 있으려면 몸을 미세하게 움직여야 하는
데, 철민이는 짐볼에 앉아서 균형 잡는 것을 아주 재미있어 했고
불필요하게 돌아다니는 일이 거의 사라졌다.

두 번째로 활용한 도구는 스탠딩 책상과 밸런스 패드다. 스탠
딩 책상 네 개를 한 세트로 놓고, 모둠별로 돌아가며 한 시간씩
스탠딩 책상에서 수업을 하게 했다. 스탠딩 책상을 쓸 때는 밸런
스 패드 위에 올라가서 균형을 잡으며 서 있게 했다. 짐볼보다 더
움직임이 큰 밸런스 패드와 스탠딩 책상의 사용은 철민이의 움직
임 욕구를 충분히 충족시켜줄 수 있었다.

움직이는 방식으로 구성된 수업과 짐볼, 스탠딩 책상, 밸런스
패드의 활용은 철민이를 위해 시작했지만 모든 아이들이 너무 좋
아했다. 아이들은 짐볼과 스탠딩 책상을 쓸 차례가 돌아오기를
늘 기다렸다. 초등 단계의 아이들은 대부분 움직임의 욕구가 크

다. 그중에서 철민이가 유독 움직임 욕구가 컸을 뿐이다. 그러니 신경다양성 교실이 모든 아이들에게 잘 맞을 수밖에 없었다.

이렇게 해서 철민이의 움직임 문제는 많이 해결되었으나 친구들에게 보이는 공격적인 성향은 여전히 큰 문제였다. 아이들은 철민이와 모둠활동을 잘해보려 애썼고 적극적으로 도와주고 싶어 했다. 하지만 철민이가 공격적인 행동을 보이면 협동적 배움이 일어나기 어려웠다. 친구에게 상처주는 말을 서슴없이 하고 욕도 했다. 때로는 때리기도 했다. 나는 철민이를 따로 불러 타일러도 보고 다짐을 받기도 했지만, 내 앞에서만 대답을 잘할 뿐 금세 잊어버리고 똑같은 행동을 반복했다.

나는 철민이의 행동을 안건으로 학급회의를 열기로 했다. 자신의 행동으로 친구들이 얼마만큼 힘들어 하는지 먼저 느껴야 문제를 고쳐나갈 수 있을 것 같았다. 학급회의가 형식적으로 흘러가지 않게 하기 위해 둥그렇게 앉아 모두 평등하게 말할 수 있는 기회를 주었다. 아이들은 한 명씩 돌아가며 철민이에게 받았던 상처나 속상함을 말했다. 내가 아무리 타일러도 꿈쩍 않던 철민이가 친구들의 이야기를 다 듣더니 엉엉 울어버렸다. 철민이가 자신의 행동에 책임감을 느낀 것이다.

이 일이 있고 나서 철민이의 공격적인 행동이 눈에 띄게 줄어들었다. 모둠활동을 할 때도 친구들의 도움을 받아 수학문제를 끝까지 풀었고 때로는 어려움을 겪는 친구를 도와주기도 하며 협동적 배움을 경험하기 시작했다. 이렇게 변한 철민이를 칭찬하기 위해 나는 또다시 학급회의를 열었고, 학급의 모든 친구들이 한 명씩 돌아가며 철민이의 변한 모습을 칭찬하고 격려했다. 그 얘기를 듣던 철민이가 또 울었다. 철민이가 자신의 행동을 스스로 반성하고 책임감을 느끼고 나니 변하는 것은 일순간이었다.

잠시도 가만히 있지 못하던 철민이는 우리 반 봉사왕이 되었다. 당번이 아니어도 분리수거는 늘 자기가 하겠다고 나섰다. 다른 반에 전할 물건이나 가정통신문이 있으면 그것도 자기가 하겠다고 제일 먼저 손을 번쩍 들었다. 철민이는 우리 반 응급구조대원이 되었다. 누군가가 다쳤다는 소리를 들으면 아주 멀찍이 있다가도 번개처럼 달려와 아픈 친구를 데리고 보건실로 갔다.

움직임의 욕구를 충족시켜 줄수록 철민이가 얌전히 앉아서 활동하는 시간은 점점 늘어났다. 역설적으로 내가 자리에 앉으라는 말을 하지 않을수록 아이는 더 잘 앉아 있게 된 것이다. 강점에 집중하다 보니 아이의 결함이 조금씩 사라져버렸다.

아이들을 바라보는 관점 바꾸기

교사 중에 힘든 학생 때문에 병가를 내거나 휴직했다는 분들을 종종 보곤 한다. 그 지경에 이르는 동안 교사는 번아웃을 겪고, 아이와 부모는 마음에 큰 상처를 입었을 것이다. 다른 특성을 가진 아이를 '힘든 아이'가 아닌 '신경다양성 아이'로 바라보고, 결핍보다 긍정적인 면과 강점을 계속 찾다보면 아이의 결함이 더 이상 두드러지지 않는다. 그러면 아이에게 해줄 수 있는 것들을 더 많이 생각해낼 수 있고, 그것을 이용해 풍성하게 수업을 할 수 있다. 신경다양성 관점은 교사뿐 아니라 부모에게도 긍정적인 에너지를 전해주고, 높은 기대를 통해 아이들의 성장과 발달을 촉진하도록 돕는다.

올해 새로 맡은 학급에는 난독증이 있는 아이, 청각장애가 있는 아이, 지적장애가 있는 아이, 언어유창성에 문제가 있는 아이가 있다. 올해 이 아이들과 또 어떤 빛깔의 신경다양성 교실을 만들어나갈지 무척 기대가 된다.

(vol. 134, 2021. 3-4)

ADHD 아이와 그 곁의 어른들

누구도 내게 그렇게 말해주지 않았다

불운이었다. 한 학급당 한두 명의 ADHD 학생이 있다는 통계적 수치와 그러므로 ADHD는 비교적 흔한 질병이라는 말들이 내게는 조금도 위로가 되지 않았다. 흔한 건 한두 명을 제외한 나머지 학생들이지, 한두 명의 학생이 아니잖은가. 심란했다. 과연 이아이가 학교에 다닐 수 있을까. 고민이 깊어질수록 시간은 빨리흘렀고 잔인한 3월은 기어이 아이를 학교로 잡아끌었다.

조은혜 _ 두 아이의 엄마이자 작가 지망생이다. ADHD 아이를 키우며 겪은 일과 생각을 에세이집 『특기는 사과, 취미는 반성입니다』에 담았다.

매일같이 불안감을 안고 아이의 등굣길에 따라나선 지 한 달
쯤 되었을 때다. S는 아이의 등굣길에 종종 마주치는 옆 반 여자
아이였다. 한번 삐걱거린 후로 둘은 만날 때마다 입씨름을 했는
데 그날따라 아이의 반응이 유난히 과격했다. 교실 앞까지 동행
하는 동안에도 두 녀석은 날선 말을 주고받았고 급기야 내 아이
의 입에서 "죽여버린다"는 말이 튀어나왔다. 아이를 꾸짖은 뒤
나도 모르게 주위를 살폈다. 한 학부모가 못마땅한 표정으로 아
이를 응시하고 있었다. 큰일이었다.

입학식 날부터 아이는 불안정한 모습을 보여, 이미 많은 학부
모들에게 눈도장이 찍힌 바 있었다. 방금 일까지 보태지면 아이
는 더더욱 '거칠고 위험한 아이'로 입에 오르내릴 것이었다. 불안
함에 오전 내내 일이 손에 잡히지 않았다. 하교 시간에 나는 당장
담임선생님을 찾아 교실로 올라갔다. 영문을 모르는 선생님에게
자초지종을 설명하고 S의 부모님에게 사과를 하고 싶다는 의사
를 전했다. 한참 만에 선생님이 입을 열었다.

"어머님, 왜 그렇게 움츠러들어 계세요? 그런 태도는 아이에게
아무런 도움이 되지 않아요."

순간, 정신이 번쩍 들었다. 생각지도 못한 말 앞에서 나는 할
말을 잃었다. 아침나절 아이의 언행은 누가 봐도 잘못된 것이었
다. 아이의 행동을 누군가 문제 삼기 전에 미리 수습해서 아이에
게 갈 화살을 막고 싶었다. 아이가 무사히 학교에 다닐 수만 있

다면 허리를 백번도 더 굽힐 수 있었다. 조아리기와 굽신대기는 ADHD 아이를 키우며 새롭게 획득한 나의 특기였다. 헌데 이런 태도가 아이에게 도움이 되지 않는다니?

"아직 아무도 어머님께 책임을 묻지 않았는데 왜 나서서 사과할 생각부터 하세요? 학교에서 그런 일은 비일비재해요. 그때마다 담임교사가 가정으로 전화를 걸어서 부모님의 사과를 종용할까요? 제가 보호해야 할 대상은 제 학생만이 아니에요. 어머님도 엄연히 제가 보호해야 할 학부모입니다. 공교육을 선택한 이상 누구나 똑같이 학교의 보호를 받을 권리가 있어요. 어머님이 지금처럼 움츠러들어 계시면 아이도 보호받는다는 느낌을 받지 못해요."

처음이었다. 누구도 내게 이렇게 말해주지 않았다. 그간 나는 철저하게 보호자의 역할을 수행해왔다. 아이와 아이 주변을 중재하고, 그 과정에서 아이의 마음이 다치지 않도록 하는 것이 보호자로서 나의 주된 역할이었다. 아이 앞에서 낯선 시선을 받아내느라 내 마음이 너덜너덜해지는 줄도 모른 채 나는 치열하게 아이 곁을 지켰다. 그런 나에게 처음으로 '보호받을 권리'를 말해준 것이다. 아이의 담임선생님 앞에서 나는 학생의 보호자인 동시에, 다른 학부모들의 편견으로부터 다치지 않게 보호받을 권리가 있는 또 다른 학부모였다. 아이의 첫 담임선생님은 그런 분이었다. 모든 학부모의 말에 고루 귀 기울이되, 흔들리지 않는 중심을 가진 선생님. 학교는 모든 학생을 끌어안을 수 있어야 한다고 말하는 선생님.

선생님과 학부모의 공조

입학식에서 처음 만난 아이의 담임선생님은 첫인상부터 남달랐다. 강단 있는 눈매와 다부진 입매가 교단에서의 세월을 짐작하게 했다. 필시 노련한 분일 것이다. 어쩌면 내 아이도 능숙하게 다루시지 않을까, 기대를 걸었다.

입학 2주 만에 담임선생님이 상담을 요청해왔다. 상담 내용은 희망적이기도 절망적이기도 했다. 20년 교직생활에 처음 보는 유형의 아이라는 탄식이 절망적이었고, 그럼에도 하루가 다르게 발전하는 모습이 놀랍다는 감탄이 희망적이었다.

"어른이 하는 말을 끝까지 듣고 자기 잘못을 수긍해요. 이런 면은 오히려 또래보다 훨씬 성숙해요. 그동안 어머님이 현이에게 얼마나 많은 시간을 들여서 설명을 해왔을지 짐작이 돼요."

선생님의 짐작은 사실이었다. 아이에게는 "안 돼"라는 간단한 지시가 도무지 통하지 않았다. "현아, 높은 곳에 올라가면 발을 헛디뎌 떨어질 수 있어. 그럼 너도 다치고 밑에 있던 다른 친구도 다칠 수 있어. 그럼 엄마는 정말 마음이 많이 아플 거야."

최소 두 문장, 세 문장으로 설명해야만 아이는 내 말을 납득하고 (아주 잠깐이나마) 행동을 멈췄다. 여태 아이를 키워왔던 나의 양육 방식을 선생님은 정확하게 간파하고 있었다.

"어머니, 저는 어머님의 방식대로 현이를 대하겠습니다. 현이가 납득할 수 있게 천천히 시간을 들여서 설명해볼게요. 대신 어머님은 단호하고 짧게 훈육하는 연습을 해보셨으면 해요. 현이가 혼란스럽지 않게 학교와 가정의 간극을 좁혀갈 필요가 있어요."

선생님의 제안에 고개가 끄덕여졌다. 아이는 엄마를 기준으로, 모든 어른이 엄마처럼 자신을 대해줄 거라는 엄청난 착각을 하고 있었다. 엄마보다 엄격한 어른을 만나면 이내 그 사람이 자기를 싫어한다고 단정짓고 엇나가기 일쑤였다. 엄마와 선생님의 상반된 훈육 태도로 혼란을 겪는 아이를 위해 선생님은 엄마를, 엄마는 선생님을 닮아가기로 합의한 것이다. 그렇게 선생님과 나의 공조가 시작되었다.

선생님과 나는 대체로 서로에게 협조적이었지만 늘 쉽게 합의에 다다른 것은 아니었다. 가장 큰 의견차를 보였던 것이 '약물치료'에 대한 논의였다. 학년 초부터 선생님은 약물치료의 필요성을 역설했다. 선뜻 받아들이지 못하는 내게 같은 반 아이들 중 여럿이 약물치료 중이라는 사실을 귀띔해주기도 했다. 그러나 그 이상 강요하지는 않았다.

이후 아이와 놀던 친구가 넘어지면서 크게 다치는 사고가 있었고, 이 사고로 아이는 벼랑 끝에 내몰렸다. 다친 아이의 부모는 아이의 학급 교체를 요구했고, 이를 위해 '학교폭력위원회'도 불사하겠다는 의지를 내보였다. 혼란한 가운데서도 선생님은 '실수'로 인한 '사고'였음을 반 아이들에게 주지시켜서 아이에 대한 나쁜 인식이 굳어지지 않게 무진 애를 썼다. 그 때문이었는지 상대 부모는 선생님의 태도까지 문제 삼고 나섰다. 아이의 담임이 아니었다면 겪지 않아도 됐을 수모였다. 미안함에 고개를 들지 못하는 내게 선생님은 힘주어 말했다.

"어머님, 이건 사고예요. 아이들끼리 놀다가 일어날 수 있는 사고요. 거기에 현이가 있었고, 안타깝게도 그 사고가 좀 컸을 뿐이에요. 현이가 ADHD라서 일어난 일이 아니에요."

그러나 상대 부모는 아이가 ADHD인데 왜 약을 안 쓰느냐며 우리를 책망했다. 마치 약물치료만이 ADHD 아이를 둔 부모가 할 수 있는 최선의 노력이라는 듯이. 그제야 알았다. 약물치료만큼 부모의 노력을 증명하기 좋은 수단이 또 없다는 것을. 아이의 선생님은 이런 상황을 대비해서 지속적으로 약물치료를 권해왔던 것이었다.

사고가 마무리된 후, 선생님은 다시 약물치료에 대한 바람을 내비쳤다. 은인 같은 선생님을 생각하면 당장이라도 받아들여야 했지만, 약물은 내게 오랜 두려움의 대상이었다.

"선생님, 저는 약을 먹이는 게 정말 두렵습니다. 어쩌면 아이의 가능성이 세상이 감당하기 힘든 방식으로 발현되고 있는지도 몰라요. 그렇다고 약을 써서 당장 눈에 보이는 불편한 기질을 잠재우게 되면 아직 발현되지 않은 가능성까지 사라질까 봐 겁이 납니다."

나의 간곡함만큼, 선생님도 여느 때보다 강경했다.

"어머니, 저는 현이가 약물을 쓰지 않고는 절대 나아지지 않을 거라고 생각하는 게 아니에요. 현이는 발전가능성이 큰 아이입니다. 해가 갈수록 더 좋아질 거예요. 다만 제가 걱정되는 점은 아직 현이에게서 주변의 이목을 끄는 요소가 많이 보인다는 거예요. 약을 써서 불필요하게 주목받는 상황을 최대한 줄였으면 하는 거지요. 이미 너무 많은 눈이 현이를 향해 있어요."

재차 거절하기엔 선생님의 진의를 나는 너무 잘 알았다. 아이로 인해 본인이 겪는 곤란 때문이 아니라 진심으로 아이를 위한 호소였다. 선생님의 지속적인 권유를 차마 뿌리칠 수 없었던 나는 ADHD 진단을 받은 정신과를 다시 찾았다.

상담선생님과 놀이선생님

약을 타는 것도 ADHD 진단을 받는 일만큼 쉬웠다. 하루 한 알의 약이 우리의 삶을 비약적으로 바꿔줄 수 있을까. 정말 그렇다면 우린 그동안 헛수고를 한 걸까. 마음이 복잡했다. 집에 돌아와 아이에게 약에 대해 설명했다.

"현아, 넌 하고 싶지 않은데 뇌가 네 말을 듣지 않을 때가 있다고 했잖아. 그럴 때 이 약이 도움이 된대. 뇌가 네 말을 잘 듣도록 도와주는 약이래. 오늘부터 한번 먹어보면 어때?"

아이는 잠깐 생각하더니 사뭇 진지하게 대답했다.

"엄마, 약을 먹어서 뇌가 내 말을 들으면 그건 내가 한 게 아니고 약이 한 거잖아. 내가 조금만 더 해볼래."

다음 진료 날짜에 우리는 뜯지 않은 약봉지를 들고 병원으로 향했다. 약 복용 후 달라진 점을 물어오는 상담선생님에게 약을 먹이지 않았음을 고백하며 아이의 말을 그대로 옮겼다. 그리고 약에 대한 나의 두려움도 털어놓았다. 전문가의 입장에서 일반인의 근거 없는 불안은 얼마나 미련해 보였을 것인가. 그러나 선생님은 내 이야기를 끊지 않고 끝까지 다 들은 뒤 말했다.

"아이가 그렇게 말하니 더 갈등이 되고 힘드셨겠어요. 약을 챙겨줘야 하는 보호자가 약에 대해 불신과 두려움을 가지고 있으면 약물치료 효과를 기대하기 힘들지요. 설령 효과가 있다 해도 어머니는 약을 먹이는 내내 괴로우실 테고요."

선생님은 약물치료를 유보하고 당분간 놀이치료만 진행할 것을 제안했다. 대신 한 달 후에도 여전히 약물치료가 필요하다는 소견이 나오면 그때는 약을 먹어야 한다는 조건이 붙었다. 담임선생님에게도 한 달간의 유예기간을 알리고 양해를 구했다. 담임선생님은 나의 결정을 못 미더워하면서도 존중해주었다.

"저는 어머님을 믿고 아이를 지도해요. 어떤 결정이든 아이에 대한 일이라면 지금처럼 솔직하게 말씀해주세요."

두 분 선생님의 이해와 배려 덕분에 한결 가벼워진 마음으로 놀이치료를 시작했다. 새롭게 만난 아이의 놀이선생님은 아이들과 시선을 맞추는 능력이 탁월했다. 아이 특유의 엉뚱함과 과격함을 자연스럽게 받아들였고, 30분의 놀이 시간 동안 아이의 놀이세상 속으로 완전히 동화되어 들어갔다. 아이가 놀이에 취해 괴성을 지르면 선생님도 함께 공룡이 되어 울부짖는 식이었다. 놀이치료실 문을 열면 수풀이 무성한 쥬라기 월드가 펼쳐져 있는 건 아닐까, 엉뚱한 상상으로 키득거리며 아이를 기다렸다.

아이와의 놀이 시간이 끝난 뒤 20분 남짓 주어진 부모상담 시간에 선생님은 아이의 근황은 물론이고 그 과정에서 내가 느낀 감정까지도 세심하게 물어주었다. 아이를 키우며 늘 움츠러들었던 마음들, 지인들에게는 드러낼 수 없었던 날것 그대로의 감정을 털어놓았다. 습관적으로 눈치를 보는 내게 선생님은 말했다.

"어머님이 잘못하신 게 아니에요. 저라도 그렇게 했을 거예요. 그 상황에서 할 수 있는 최선의 선택을 하신 거예요."

어쩌면 놀이선생님의 말은 사실이 아닐지도 몰랐다. 분명 더 나은 선택지가 있었을 것이다. 그렇다고 해도 선생님은 당시에 내게 가장 필요한 말을 해주었다. 엄마니까, 괜찮다고 돌보지 않고 지나쳤던 내 마음들이 사실은 괜찮지 않았다는 걸 깨닫는 것만으로도 상처는 서서히 아물었다. 내 상처가 단단해지니 아이를 볼 때도 측은한 마음이 들지 않았다.

마지막 상담 때 선생님은 말했다. "저는 현이와 함께하는 시간이 참 즐거웠어요. 어머님이 바라보시는 것처럼 현이는 순수하고 배려심이 많고 마음이 따뜻한, 무수히 많은 장점을 가지고 있는 친구예요. 당장 눈에 드러나는 행동 때문에 그런 장점들을 놓치는 부모님들이 참 많아요. 아이의 장점을 알아볼 수 있는 능력이야말로 어머님이 가진 최고의 재능이에요. 어머님과 함께, 현이는 반드시 잘 커갈 거라고 생각합니다."

아이의 손을 잡고 병원 건물을 나섰다. 병원의 에어컨 바람 때문에 움츠렸던 게 엊그제 같은데, 어느새 길목마다 겨울로 접어들고 있었다. 한여름에서 초겨울까지. 애초에 약속한 한 달을 훌쩍 넘기도록 아이는 약을 먹지 않고 치료를 마무리했다.

무엇이 아이를 변하게 했을까

놀이치료를 시작하고 한 달이 되기 전, 담임선생님으로부터 전화가 걸려왔다. 선생님은 아이가 몇 주 사이에 눈에 띄게 달라졌다면서 혹시 약을 먹고 있는 게 아니냐고 재차 물었다. 물론 아이는 약을 먹지 않고 있었다. 우리는 긴 통화 끝에 현재의 상태가 이어진다면 약을 쓸 필요가 없다는 결론을 내렸다. 그렇게 아이는 약물치료 없이 1학년을 마쳤다. 마치 흔한 성장드라마의 뻔한 결말 같은 이야기지만, 사실이다. 믿을 수 없지만, 우리에게 일어났던 일이다.

무엇이 아이를 바꿔놓았을까. 가장 큰 변화의 힘은 아이의 내면에서 나왔다. 약을 먹지 않고 스스로 해보겠다던 자신의 말, 제속에서 나온 말의 힘이 아이를 붙들었을 것이다. 그동안 아이와 나는 수없이 흔들렸다. 가족이라는 이름으로 서로를 지탱하면서도 가족이기에 서로가 버거운 순간도 많았다. 세상에 우리를 보호해줄 사람은 우리뿐인 게 아닐까, 가족이 아닌 사람들에게서도 우리가 이해받을 수 있을까, 한없이 불안하던 시기에 아이와 나를 붙들어준 힘은 바깥에서 왔다. 아이의 말에 귀 기울이고 늘 같은 곳에서 아이를 기다려준 어른들. 학교엔 담임선생님이, 진료실엔 상담선생님이, 놀이치료실엔 놀이선생님이 있었다.

지금도 우리 집 찬장엔 그때 먹지 않은 약이 그대로 들어 있다. 그 약을 볼 때마다 세 분 선생님을 떠올린다. 한 아이를 위해 서로 경청하고 긴밀히 협력했던 그 시간들을 떠올린다. 헤어지던 날 놀이선생님은 말했다. 만날 인연은 만나게 되어 있고, 그렇게 만났으니 오늘 이 시간은 더없이 소중하다고. 우리에게 그토록 귀한 인연과 소중한 시간이 주어졌던 건 고백건대, 행운이었다.

(vol. 133, 2021. 1-2)

발달장애아동과 함께한 미술놀이

그냥 함께 놀자

내게는 발달장애 아이가 있다. 지금으로부터 약 10년 전, 같은 처지의 부모들이 지역에서 장애인부모회를 조직했다. 활동을 시작한 지 얼마 안 되었을 때 부모들과 함께 장애인 작업장 견학을 한 적이 있는데 그들의 모습에서 나는 심한 충격을 받았다.

대부분 나이가 지긋한 발달장애인들이 쇼핑백에 손잡이 끈을 다는 작업을 하고 있었는데, 한결같이 무표정한 얼굴로 느릿느릿

김인규 _ 작가, 교육연구자. 30년 가까이 중등학교 미술교사로 있었고, 지금은 개인 작업을 하며 자유로운 교육활동을 하고 있다. 이 글은 아르떼 웹진 칼럼 '발달장애인을 위한 문화 복지를 생각하며: 관리에서 삶으로'를 토대로 다시 쓴 것이다.

기계적으로 움직이고 있었다. 마치 영혼이 없는 사람들 같았다. 그것을 보고 있자니 가슴이 답답해졌다. 요란하고 활기 넘치는 내 아이도 저렇게 변할 수 있다고 생각하니 끔찍했다. 저 모습이 우리 아이의 미래가 되어서는 안 될 것 같았다.

어떻게 사람이 저렇게 변할 수 있을까 생각하다 보니, 장애교육 시스템의 한계가 보이기 시작했다. 아이가 센터나 학교에서 했던 미술활동의 결과물을 보면 이미 정해진 과제를 기계적으로 수행하는 것들이 대부분이었다. 왜 그래야 하는지 이유도 모른 채 반복적인 훈련처럼 미술활동을 하는 셈이다. 아이들이 할 수 없는 과제를 내주고 수행하게 한다. 제대로 해내지 못하니 태반은 교사가 해주고, 아이는 그것을 통해서 수동성만 익히게 될 것이었다. 아마도 쇼핑백 끈을 달고 있는 그분들도 자신이 하는 일이 무엇인지, 어떤 의미가 있는지 이해하지 못한 채 시키는 대로 훈련되었으리라. 그나마도 잘할 수 없으니 아마 수많은 제재가 따라오지 않았을까. 그래서 저렇게 영혼 없는 동작을 그렇게 하고 있는 것이 아닐까 하는 생각이 들었다.

이때 나는 발달장애인들도 자기 나름의 창조적인 자리에 설 수 있어야 한다고 생각했고, 미술교사인 내가 아이들 미술활동에 나서야겠다고 마음먹게 되었다. 그렇게 장애인부모회에 속한 자녀들을 모아 미술활동을 시작했다. 그런 나도 처음에는 그들의 어떤 능력을 계발하고 촉진할 수 있다는 생각을 했던 것 같다. 매

번 활동을 할 때마다 어떤 능력을 길러줘야 할지 고민했다. 그러나 시간이 지날수록 지쳐갔다. 아이들과 겉돌고 있다는 것을 점점 깨달은 것이다. 그제야 그런 것들을 다 내려놓아야겠다는 생각이 들었다. '그냥 함께 놀자!' 이것이 최선이라고 생각하자 편해졌다. 나는 아이들에게 재료를 주고 마음껏 놀게 했다. 무엇을 하라고 지시하지 않고, 가능하면 하고 싶은 대로 하게 했다. 과제와 재료는 내가 정하지만 그것을 가지고 무엇을 할지는 아이들 각자에게 맡겼다.

그렇게 하면서 아이들이 그것을 꽤나 즐거워하고, 늘 하던 것일지라도 그때마다 새로워한다는 사실을 깨닫게 되었다. 무언가 새로운 활동을 해야 즐거워할 거라 생각했던 것은 나의 기우였음이 드러났다. 비장애학생들은 했던 것을 다시 하면 대뜸 "또 해요?" 하면서 지루함을 표한다. 그러나 이들은 그런 법이 없었다. 했던 것을 반복해도 "또 해요?" 하지 않는다. 물론 그날그날 기분과 분위기에 따라 더 즐거워하거나 싫어하기도 하지만, 그것이 그냥 일상이 되고 있음을 알 수 있었다.

누구에게나 있는 표현 욕구와 표현 의지

미술을 지도하는 교사들이 "발달장애아동들은 수동적이고 어떤 일에 쉽게 싫증을 낸다"고 토로하는 말을 자주 듣는다. 그렇지만 나의 경험상 그건 아이들이 할 수 없는 과제를 내주기 때문이다. 교사들은 학생들에게 무언가 새로운 기능을 배우고 익히게 해야 한다는 생각이 강하다. 특히 장애아동을 만나는 경우 장애를 개선할 수 있는 교육적 활동을 해야 한다는 강박에 사로잡혀 있는 듯하다. 그래서 자꾸만 수행하기 어려운 과제를 강요하려 들고, 아동은 무력함을 느끼며 손을 놓아버린다.

그러나 미술활동은 본래 그런 것이 아니다. 미술활동은 그 자체로 표현의 즐거움을 누리는 것이지 표현의 기술을 배워야 하는 것이 아니다. 아주 간단한 기능밖에 수행할 수 없다 하더라도 누구에게나 표현 욕구와 표현 의지가 있기 마련이다. 그러한 기회를 가지는 것은 사람으로서 누려야 하는 최소한의 삶이다. 아이들에게 그 기회를 주는 것이 미술활동의 우선적인 목표이다. 무언가 가르쳐야 한다는 생각에 그러한 기회마저 빼앗는 우를 범하지 말아야 한다. 과잉 행동이나 장애의 특성으로 인해 같은 일을 오래 지속할 수 없다 하더라도, 그것은 훈련으로 개선해야 할 일이 아니라 가능한 한 즐거움에 부합하는 방향을 탐구하여 해결해야 할 과제다.

오히려 발달장애아동들이 미술활동에 강점을 갖고 있는 경우가 많다. 가장 특징적인 장점은 비교의식이 낮다는 것이다. 대부분의 사람들은 성장하면서 점차 '잘하고 못함'의 고정관념을 갖게 되고, 미술활동에 대해서도 타인과 비교하면서 빠르게 흥미를 잃기 시작한다. 잘함에 대한 기준이 만들어지면서 자신의 표현 능력과 이상에 괴리감을 느끼고 즐거움을 잃어버리는 것이다. 그러나 발달장애아동들의 경우 그런 걸림돌이 별로 없다. 오히려 장애가 심할수록 그런 문제에서 자유롭다. 잘하고 못하고의 선입견에 방해받지 않고, 다른 친구들과 비교하는 의식이 없다 보니 자신의 표현에 집중할 수 있다. 결과에 괘념치 않고 표현의 즐거움을 자유롭게 누리는 것이다. 그것은 미술활동의 본래 가치에 가장 부합하는 태도다.

몰입의 기회를 보장하는 것은 한편으로 그들의 자존감을 살려주는 데 큰 힘이 된다. 장애아동들은 성장 과정에서 무언가를 잘 수행하지 못하는 것에 대한 지적이나 놀림을 일상적으로 경험한다. 사람들이 자기한테 왜 그렇게 하는지 이유는 알지 못하지만 자기를 그렇게 대한다는 것을 느낄 수는 있기에 위축되고 자존감이 떨어진다. 이것은 장애아동들이 무기력해지는 원인이기도 하다. 뭔가를 할 수 없는 한계가 적고 명확한 목표가 없는 미술놀이는 그러한 위축감을 해소하는 데 무엇보다 도움이 된다.

무엇보다 함께 모여 활동하는 것이 서로에게 긍정적인 영향을 준다는 것도 알 수 있었다. 대체로 발달장애아동들은 다른 친구들과 잘 어울리지 못한다. 타인과의 관계를 고려하여 대응하는 사회적 기술이 부족하다. 그래서 친구들에게 거절당하거나 무시당하곤 한다. 또한 같은 장애 아이들하고도 잘 어울리지 못하고 겉도는 경우가 많다. 그것은 자폐적 성향 여부와 관계 없이 발달장애에서는 흔한 상황이다. 그런 아동들에게 친구와 함께 하는 지속적인 활동은 사회성 발달에 큰 도움이 된다. 아무리 대인관계 능력이 떨어진다 하더라도 사회적 관계에 대한 욕구는 누구에게나 기본적인 욕구다. 사람 사이에 함께 있을 때 그들도 한 사람으로 세상을 살아갈 수 있는 것이다. 다만 그것이 서툴러 쉽지 않을 따름이다.

미술활동의 사회적 의미

나는 오랜 세월 같은 또래 아이들과 함께 미술활동을 해오면서 그것이 얼마나 소중한 사회적 활동인지 경험할 수 있었다. 미술활동은 대개 자기에게 집중하는 활동이기에 그 자체로는 다른 사람과 섞이거나 갈등할 일이 없다. 그럼에도 같은 장소에서 함께하는 것이 서로의 사회화에 영향을 준다는 것을 알 수 있었다. 아이들이 많이 모일수록 활동은 활발해지고 활동 시간도 지속되었다. 함께 얘기하고 때로는 싸우는 시간과 공간 자체가 그들에게 즐거운 일이라는 사실도 알게 되었다. 어쩌면 미술활동이란 것이 서로 협력해야 하는 과제가 적기 때문에 부담 없이 8년이 넘는 긴 시간을 같은 공간에서 함께할 수 있는 건지도 모르겠다.

또한 아이들의 작품 전시회는 그 활동을 부모 혹은 지역사회가 함께 공유하는 자리로서 큰 의미가 있다. 아이들에게는 벽에 걸린 자기 작품을 사람들이 관람하러 온다는 사실이 자존감을 높여주는 일이고, 발달장애아동의 세계와 특성을 지역사회가 함께 경험하고 공유하는 것도 무엇보다 가치 있는 일이다. 장애인을 동정이나 보살핌의 대상이 아니라 같은 인간으로 인식하고, 그 표현의 세계를 공유하는 것은 함께 살아가는 공동체를 형성하는 데 꼭 필요하다.

아이들이 그린 그림을 활용해서 수공예 소품들(에코백, 컵, 인테리어 소품 등)을 제작·판매하는 것도 지역사회 구성원과 장애아동들의 삶을 나누는 데 큰 힘이 되었다. 고정관념 없이 자유롭게 표현해낸 그들의 그림(혹은 흔적)이 비장애인들에게 독특하고 흥미로운 아름다움을 선사했다. 그 소품을 구매하는 것은 장애인을 지원하고 싶다는 뜻이기도 했지만, 그들은 장애아동의 표현물을 작품으로서 소유한다는 측면도 뜻깊게 여기는 듯했다. 구매한 물건을 서로 나누면서 우리는 더 유대가 깊어지고 마음이 따뜻해지는 것을 확인했다.

장애아동과 관련된 활동들이 종종 장애를 개선하거나 무언가를 좀 더 증진하고자 하는 방향에 사로잡히는 것을 종종 본다. 그럴 경우 그 활동 본연의 가치를 상실하고, 오히려 장애아동이 일상에 정착하는 데 방해가 되기 쉽다. 가르치려 하지 말고 즐거움을 공유하고자 해야 한다. 그것이 모든 미술활동의 출발점이다.

다만 장애아동들은 스스로 그 활동을 선택할 수 없기에 주변에서 지원을 하는 것뿐이다. 미술활동은 그들이 고립된 삶을 벗어나는 데 많은 도움이 될 것이다.

(vol. 121, 2019. 1-2)

씨줄과 날줄로 엮는 방과후 공부방

공부방에 모인 작은별들

'작은별'들이 방과후 장애아동 공부방에 들어옵니다. 무서운 '상어'도 들어오고 천방지축 '야생마'도 들어오고, 혼자 있기 좋아하는 외톨이 '박쥐'와 잠시도 쉬지 않고 말해대는 '수다쟁이'도, 고대 유적과 유물에 꽂힌 '고고학자'도, 그림에 천부적 재능이 있는 '화가'도 들어옵니다. 신발을 가지런히 정리하고 들어오는 아이도 있고, 선생님의 도움으로 겨우 신발을 벗는 아이도 있

한재천 _ 20여 년 동안 발달장애아동 조기교육과 방과후 교육을 해왔다. 춘천생협 이사장을 역임하고 춘천 녹색지역화폐 일을 했다.

고, 엄마와 떨어지기 힘들어하는 아이도 있고, '내 맘대로 할 거예요'라는 표정으로 저돌적으로 들어오는 아이도 있고, "선생님 보고 싶었어요" 이런 깜찍한 인사를 날리며 들어오는 아이도 있습니다. 이렇게 '작은별'들이 방과후 공부방에 들어옵니다.

발달장애아동들이 취학 전에 교육을 받을 시설이 많지 않던 1990년대 중반, 춘천에서 조기교실을 열어 4~7세 아이들에게 생활교육과 인지교육을 했고, 이들이 초등학교에 입학하게 되자 '나눔터 발달장애아동 방과후 공부방'으로 전환하여 개별 학습 프로그램이 필요한 아동들에게 특수교육을 해왔습니다.

발달장애아동 교육은 아이들 자신이 가지고 있는 씨줄과 공부방 교사가 준비한 날줄의 접점입니다. 아동의 의지와 교사의 의지가 학습과제를 매개로 만들어가는 교집합입니다. 아이들의 씨줄과 공부 내용의 날줄이 잘 엮어져 자기가 할 수 있는 몫을 온전히 담아가는 아이도 있고, 씨줄과 날줄이 평행선을 달리는 아이도 있습니다. 자기 기질이 습관화되어 교사의 날줄과 엮이길 거부하거나 힘들어하는 아이들입니다. 평행선이 서로 만나는 방법은 아동이 교사에게 맞추어오거나 교사가 아동의 욕구에 맞추어가는 것입니다.

일반아동에 비해 발달장애아동의 씨줄은 안타깝게도 어떤 영역은 더디거나 부족하고, 반대로 다른 영역은 지나치게 넘쳐 '어찌할 수 없는' 부분이 있습니다. 언어나 수셈 능력, 시지각 기능

및 눈과 손의 협응, 인지 사고력, 정서 영역에 개인별로 각각 다른 어려움이 생겨 자기 능력을 넘어서기가 만만치 않습니다. 장애의 경계선에 있는 아동의 경우, 초등학교 입학 전후에 아동의 씨줄과 교사의 날줄이 적합하게 맞아떨어졌을 때 글자 쓰기, 그림 그리기, 책 읽기 등 기본 학습을 나름 해내기도 합니다. 학습이 다소 느린 아이들도 저학년에서 고학년으로 넘어갈 즈음에는 기본 학습을 자기 것으로 만듭니다.

학습의 기본 토대는 아동의 몸 상태와 학습 태도입니다. 아이들의 몸이 건강해야 공부도 또렷하게 합니다. 경련이 일어나거나 감정이 고조된 흥분 상태에서는 몸과 마음을 추스르는 게 우선입니다. 자리에 앉는 것은 공부의 시작입니다. '착석'이 되면 공부의 절반을 한 셈입니다. 앉아야 자세히 볼 수 있고 지시를 새겨들을 수 있기 때문입니다. 이 아이들에게 차분히 앉아서 과제에 집중하기란 보통 곤욕스러운 일이 아닙니다. 제 몸을 지탱하지 못하는 아이에겐 좌식 의자에 기대어 앉아 과제를 보게 하고, 동에 번쩍 서에 번쩍 부산한 아이들은 좁은 공간에서 교사가 바짝 붙어 앉아 공부를 가르치지요. 착석 강요가 오히려 부작용을 일으키는 아동의 경우는 발 닿는 곳이 학습 공간이고 손 닿는 것이 공부거리입니다. 대부분의 아동은 자리에 앉아 있지만, 마음이 분주한 아이들은 앉아서도 과제에 집중하지 못하고 몸은 여기 있는데 마음은 백 리 밖으로 달려가지요.

아이들이 자기 약점을 넘어서기란 보통 일이 아닙니다. 말하기, 듣기 같은 언어 회로가 제대로 안 열린 아동의 경우 학령기 동안 끝내 말을 못하기도 합니다. 말을 하고 싶어도 할 수 없으니 욕구가 좌절되면 자기 팔을 피멍이 들도록 물어뜯고, 주먹으로 턱이나 머리를 때리고, 심하면 벽에 머리를 박기도 합니다. 양육 과정에서 애정 결핍으로 정서나 느낌이 결핍된 경우엔 학습 이전에 아이를 품어주는 것이 우선적인 일이 되기도 합니다.

머리를 숙이지 못하는 한 아이는 책상 위에 놓여 있는 과제물을 보지 못하고 교사 얼굴만 정면으로 뚫어지게 봅니다. 아동과 시선을 맞추지 않고 일부러 피하거나 머리를 붙잡고 시선을 모아주거나 여러 방법을 시도해도 잘 안 되어, 제가 도깨비탈을 쓰고 공부를 시켜보았습니다. 그랬더니 아동의 시선이 교사 얼굴에서 조금씩 벗어나기 시작합니다. 말문이 트이지 않는 아이의 경우, 마이크, 메가폰, 녹음기, 거울, 악기, 놀잇감을 총동원합니다. 이따금 행운이 일어나기도 합니다. 모든 사물을 '껌'이라고 말하던 아이가 어느 순간부터 단어 발음을 분화시켜나가고, 스스로 말하기가 안 되어 모든 말을 따라만 하던 아이가 어느 순간부터 자기 말을 하기도 합니다.

이러한 도움이 늘 성공하는 것은 아닙니다. 전혀 말을 못하는 아이가 눈빛으로 건네는 말을 교사가 제대로 읽어내지 못하기도 하고, 무수히 혼잣말을 하는 아이가 제대로 된 표현을 하게끔 학습 장면을 만들어줘야 하는데 그러지 못할 때도 있습니다. 정서가 불안정한 외톨이 '박쥐'는 실내 미끄럼틀 아래 어두운 공간에 들어가길 좋아합니다. '저리 가' '내 맘대로 할 거야'라는 식입니다. 이럴 땐 교사도 어찌 못합니다. 교사의 과도한 욕심이나 아동이 잘하고 못함에 따라 희비가 출렁이는 것도 아이들의 성장에 방해가 됩니다. "이리 줘!" "뭐야!" 식으로 어른에게 반말을 쓰는 아이들은 예의가 없어서라기보다는 높임말 발음이 어렵기 때문에 짧게 줄여서 말하는 것입니다. 교사가 아동을 보는 편견, 선입견을 하나씩 걷어낼 때 비로소 아동이 제대로 보이기 시작합니다. 드러나지 않는 아동의 씨줄을 밖으로 드러나게 하고, 넘쳐나는 아동의 씨줄은 덜어주는 것이 발달장애아동 교육의 도달점인 듯 싶습니다.

우리를 비추는 거울

말을 거의 안 하는 아이가 어느 날 놀랍게도 자기 가슴에 손을 대며 "나"라고 말합니다. '그래, 바로 나야.' 감동스런 순간입니다. 자기 자신을 '나'라고 선언했으니까요. 발달장애아동 한 개인에 국한시키면 장애라는 개념이 성립되지만, '나'가 '너'가 되고 '너'가 '우리'가 될 때 장애 개념은 사라집니다. '나'가 '우리'로 승화되었을 때 장애는 한 개인, 한 가정의 문제가 아니라 사회라는 관계의 총합 중 한 부분이 되어 '장애'라는 딱지는 사라집니다. 서로 다른 '차이'의 문제이니 부족한 것은 사회에서 메워주면 됩니다. 한 개인의 몸(뇌) 손상에서 비롯된 장애가 사회관계 속에서 상호작용으로 메워지면 장애는 '불편함'으로 전환되는 것입니다.

최근 기술의 발달로 팔, 다리, 몸통 장애는 기계로 대체되어 재활이 가능해지고 있습니다. 사람의 뇌는 기계로 대체된 몸을 선택하여 의지대로 활동을 해냅니다. 뇌 기능이 제대로 활성화되지 못해 학습이나 의사소통에 불편함을 겪는 이에게 사회적 차원에서 교육, 생활 문제를 지원하고 보조해준다면 장애는 없는 것이나 다름없습니다.

발달장애아동들은 나를 비추는 거울입니다. 사회는 자기 세계에서 벗어나지 못한 아동에게 '자폐'라는 딱지를 붙입니다. 그런데 생각해보면 자기 이익과 관련되지 않은 일에는 마음을 닫고 점점 사회관계망에서 고립되는 우리 사회가 자폐 사회이고, '나'라는 아집을 벗어나지 못하는 대부분의 사회인이 자폐인 셈입니다. 자기라는 감옥에 평생 갇혀 살아가니까요. 또 장애아동들이 두루 보지 못하고 자기 좋아하는 것에만 집착한다는데, 엄밀히 보면 사람의 감각 자체가 오류투성이라 있는 그대로 보고 듣지 못하고 자기식대로 보고 듣습니다. 장애아동들이 혼자 딴 생각에 빠지거나 혼잣말을 많이 한다지만, 비장애인들도 몸은 여기에 있어도 마음은 딴 곳에 있을 때가 얼마나 많습니까?

어쩌면 발달장애아동의 감정과 느낌은 더 간단명료합니다. 보통 마음이 한번 꼬이면 대책 없이 감정의 소용돌이에 빠져 관계가 단절될 정도로 탄력성을 잃어가는 반면, 상황이 변하면 언제 그랬나 싶을 정도로 제자리를 빨리 찾아갑니다. 그리고 발달장애아동 개개인이 지닌 장단점의 편차가 커서 그렇지, 특정 영역에서는 일반인보다 월등한 능력을 보이기도 합니다. 공간지각이 아주 뛰어나거나, 청지각이 발달되어 절대감각계에 있는 아이들도 있습니다. 그럼에 천부적 재능을 가진 아이들은 연필이 가는 대로 그려도 작품이 완성될 정도입니다. 이런 능력을 사회에서 발휘할 수 있게 토대를 만들어주는 것은 발달장애아동 개인뿐만 아니라 사회적으로도 도움이 되는 일입니다. '오티스타'라는 사회적기업은 그림에 소질이 있는 자폐인에게 디자인 교육을 무상으로 해주고, 그들이 가진 디자인 솜씨를 제품으로 연결해 수익금으로 자폐인 독립생활과 사회통합을 지원하고 있습니다. 장애인 개인의 소질을 사회적 일과 접목해 공공성으로 확대한 대표적인 사례입니다.

아이 하나 키우려면 한 마을이 필요하다고 합니다. 발달장애아동 하나 키우려면 한 사회가 필요합니다. 호주는 장애인 예산을 장애인 본인에게 직접 주어 스스로 삶을 살아가도록 돕는 국가장애보험제도를 실시하고 있습니다. 호주 사례에서 보듯이 사회가 복지로 뒷받침해주면 장애아동들도 꿈을 실현해갈 수 있습니다. 장애가 있는 '개인의 나'가 사회와 연계된 '관계 속의 나'로 승화되어갈 때, 각 개인의 '차이'를 넘어 사회적 '평등'을 실현할 수 있게 됩니다.

20여 년 전 나눔터 장애아동 공부방에서 유아 특수교육부터 시작해 10년 동안 지낸 한 아이는 초등학교 입학 직전에 말문이 열렸고, 저학년과 고학년에 걸쳐 언어 이해, 읽기와 쓰기, 셈하기 등 두세 차례 학습전환이 일어나더군요. 자기 집착의 세계에서 공부로 옮겨가고 또 다양한 생활 경험으로 관심을 전환하는 것이 눈에 띌 정도였습니다. 이 아동이 변하게 된 원동력은 공부하는 시간만큼은 문제행동을 하지 않고 과제 집중력이 높은 데 있더군요. 장차 자기 앞가림은 하겠구나 생각했는데 아니나 다를까 20대 청년인 지금은 장애 재활과 연동된 아르바이트도 하고 그룹홈 생활을 하면서 자기 돈 관리도 하며 자립할 만큼 성숙했습니다. 현재 장애인 사업장에서 일하고 있지만 30대에는 바리스타가 되겠다며 야무지게 미래를 준비하고 있습니다. 베푸는 식의 복지를 넘어, 자기가 하고 싶은 일을 하겠다는 의지가 강한 이 청년의 손을 사회가 어떻게 잡아주고 소통망을 만들어야 할까요.

작은별들이 떠나고

오늘도 '작은별'들이 공부를 마치고 돌아갑니다. 그릇이 작은 아이도 있고 큰 아이도 있습니다. 개인 간의 차이도 매우 큽니다. 아이들 그릇이 흙으로 빚어졌든 나무로 빚어졌든 자기가 담을 수 있을 만큼 담아갑니다. 어떤 아이는 눈으로 보는 정보를, 어떤 아이는 귀로 듣는 정보를, 어떤 아이는 놀이의 즐거움을 담아갑니다. 혼자 신발을 신지 못해 신겨주어야 하는 아이, 오늘 기분이 좋았는지 "선생님, 사랑해" 하는 아이, 마치 수능이라도 본 것처럼 "오늘 어려웠어" 하는 아이도 있습니다. 방송국 편성표 시간을 줄줄 꿰는 아이는 "2018년 ○월 ○일 ○시에 또 봐요!" 하며 나갑니다. "선생님, 안녕히 가세요." '가세요'와 '계세요'를 구분하지 못하는 아이들도 있지요. "그래 잘 가. 또 보자." 이렇게 '작은별'들이 방과후 공부방을 떠납니다.

아이들이 다 돌아가면 하루 동안 아이들에게 일어난 일들을 정리합니다. 잘한 점, 어려워한 점, 변화된 점들을 적어두지요. 이렇게 쌓인 노트가 긴 시간의 흔적들로 남고, 아이들의 씨줄에 어떤 프로그램의 날줄이 적합하고 효과적인지 들여다보는 저장고가 됩니다. 지금 아이들이 어느 지점에 있고, 내일은 어떻게 변화될지 늘 궁금한 저는 오늘도 그들 곁에 함께합니다.

(vol. 115, 2018. 1-2)

비장애학생도 다니고 싶은
조오니오학교

해방을 위한 유아교육

"여보세요? 쌍둥이들이 대기자 명단에 있는데, 아직도 조오니오학교[1]에 보낼 생각이 있으신가요?"

"당연하죠! 너무 오래 기다렸어요!"

쌍둥이를 임신하고 있을 때부터 대기자 명단에 올렸던 조오니오학교에 아이들의 네 번째 생일 직후 드디어 입학하게 되었다. 이미 아이들은 초등학생이 되었지만, 그때 조오니오학교에서 했

정은영 _ 한국에서 중등 특수교사로 일하다가 미국 유학 중 결혼해 세 아이들의 엄마가 되었다. 뉴욕주립대 조교수로, 초등 통합교육 교사가 될 학생들을 가르치고 있다.

던 소중한 경험을 부모로서 공유하고자 한다.

중증장애아동들이 함께 다니는 이곳에, 나를 포함한 많은 부모들이 자신의 비장애 아이를 보내려고 하는 이유가 뭘까? 나의 경우 장애학과 특수교육을 전공한 엄마로서 아이들이 다양한 특성의 친구들과 어울려 자라게 하고 싶기도 했지만, 무엇보다 조오니오 선생님들이 보여주시는 유아교육의 실제 때문이었다.

조오니오는 미국에서 50년이 넘는 역사를 지닌, 통합교육으로는 가장 오래된 학교다. 1969년 뉴욕주 시라큐스에서 장애·비장애아동 부모들에 의해 대안학교로 설립되었다. 미국의 전장애아교육법이 1975년에 통과되었으니, 조오니오가 개교할 때만 해도 장애아동이 필요한 교육을 제대로 받지 못하는 건 다반사였고, 일반학교 입학 자체를 거부당할 때였다. '조오니오'는 '해방'을 뜻하는 원주민 말2인데, 교육으로 억압받는 개인을 자유롭게 하고, 아이들의 생각과 감정이 틀에 얽매이지 않고 자유롭게 자라도록 돕고자 하는 마음이 담겨 있다.

작은 교실 하나로 출발했던 학교는 50여 년을 거치며 11개 학급으로 늘었고, 최근에야 비로소 건물 한 동을 대출 없이 소유한

1　미국에서는 만 5세부터 다니는 유치원을 초등학교에서 담당한다. 미취학 아동을 위한 교육기관은 preschool 또는 early education center라고 하는데, 조오니오학교(www.jowonio.org)는 만 3, 4세 장애·비장애아동을 대상으로 하는 preschool로 50여 년의 통합교육 역사를 가지고 있다.

2　이 지역에 살았던 아메리카 원주민인 오논다가족이 쓰는 오논다가어.

학교로 성장했다. 그런데 그동안 성장한 건 학교뿐만이 아니었다. 수많은 비장애, 장애 아이들이 함께 자랐고, 그 아이들의 우정도 성인기를 넘어서까지 함께 자랐으며, 졸업한 아이들과 부모들은 지역사회의 공동체 구성원으로 자랐다. 더불어 통합교육 유아원을 졸업한 이 아이들로 인해 시라큐스의 초·중·고등학교는 적극적으로 통합교육을 실시할 수밖에 없었으니, 지역사회의 교육도 함께 자라온 셈이다.

학부모 면담과 부모교육

지한이와 지호를 돌봐주시는 교사들과 개별 면담이 있는 날이었다. 예상치 못하게 선생님이 여섯 분이나 앉아 계셔서 당황했지만, 면담이 끝날 쯤엔 이렇게 다양한 능력을 가진 분들이 아이들을 돌보고 가르친다는 사실에 엄마로서 마음이 놓였다.

면담을 하며 '카페트 타임'³에 지한이가 보조 의자와 웨이트 담요를 사용하고 있다는 사실을 알게 되었다. 앉아서도 의자를 살짝 움직일 수 있는 (요가볼 비슷한) 보조 의자와 상당히 묵직한 웨이트 담요는 감각통합이나 신체 움직임을 통해 장애아동이 과제에 집중할 수 있도록 도와주는 물건이다. 지한이는 장애가 없

---

3 바닥에 앉아서 선생님 이야기를 듣거나 책을 읽는 시간.

지만, 선생님들의 말씀에 따르면 두 가지를 사용한 후로 아이가 눈에 띄게 집중을 잘한다고 한다. 학교에 있는 작업치료사 선생님에게 지한이를 위해 또 어떤 도움을 줄 수 있을지 물어봐주겠다고도 했다.

아이들에 대해 물으면 선생님 여섯 분이 각자 의견을 주시니, 아이들의 생활에 대해 더 입체적으로 이해할 수 있었다. 요즘 들어 화를 많이 내는 지호에 대해 묻자, 킴벌리 선생님은 지호가 화내는 모습을 거의 보지 못했다며 의아해 했다. 다른 선생님 한 분이 지호가 자신의 화난 감정에 대해 이야기하는 것을 들었다며, 아이가 그렇게 이야기함으로써 감정을 해소하는 걸로 보인다고 말했다. 그 말을 들은 또 다른 선생님은 밀림반에서 아이들이 화가 났을 때 활용하는 수업 자료를 집에서도 사용해보라며 챙겨주셨다.

부모나 가족을 지원하기 위해 조오니오는 연중 여러 가족이 교류할 수 있는 행사를 자주 연다. 이번 주만 해도 밀림반 가족들이 음식을 가지고 와서 저녁을 함께 먹는 행사를 가졌다. 이미 아이들끼리는 서로 너무 좋아하는 친구가 된지라, 부모들은 그저 자연스럽게 인사를 나누고, 아이 키우는 이야기를 주고받는다. 장애·비장애아동의 가족을 지원하기 위해 매달 열리는 워크숍[4]

---

4 문제행동과 감각통합, 사회적 기술, 자녀와 대화하기, 자녀와 책 읽기, 자녀와 노래하기, 배변 훈련.

도 빼놓을 수 없다. 9월 개학 이후 벌써 여섯 번의 부모 워크숍이 열렸다. 이런 워크숍은 조오니오 학부모들뿐만 아니라 지역사회 주민들에게도 언제나 열려 있다.

한 학급, 여섯 명의 교사

밀림반에는 모두 열여섯 명의 만 3, 4세 아동들이 있다. 그중 여섯 명이 장애아동이다. 굳이 분류하자면 구어로 의사소통이 전혀 되지 않는 아동non-verbal, 자폐아동, 시각장애아동, 다운증후군 아동, 그 밖의 발달장애아동이 둘인데, 한참 발달이 진행 중인 나이라서 조오니오에서는 학령기 또는 성인들에게 적용되는 장애 명칭으로 아이들을 진단하지 않는다. 경증·중증과 같은 장애 정도보다는 아이들이 필요한 서비스 정도를 명시하고, 개인 보조 등 지원이 많이 필요한 아이부터 간단한 보조도구의 도움으로 학습이 가능한 아이까지 각 반에 다양한 장애아동들이 포함되도록 반을 배치한다. 바로 옆 반만 해도 뇌성마비 아동이나 휠체어를 사용하는 아동들이 함께 있다. 장애의 종류와 정도에 상관없이 또래와 교육받을 권리를 존중하기 때문이다.

열여섯 명의 아동을 위해 밀림반에는 고정적으로 네 명의 교사들이 함께한다. 학급 사이를 지원하는 교사도 있고, 교생들도 자주 배치되기 때문에 특수교사, 일반교사, 보조교사, 지원교사,

프로그램 전문가, 보조원까지 평균 여섯 명의 교사가 이 아이들을 돌보고, 특수교사나 일반교사 중 한 명이 책임교사 역할을 맡는다. 내가 면담에서 만난 여섯 명의 교사가 바로 이 팀이다.

나는 지금까지 쌍둥이 반 선생님 중 누가 특수교사이고 일반교사인지, 누가 보조원인지 알지 못했고, 물어볼 생각조차 하지 못했다. 왜냐하면 그들 모두 열여섯 명의 아이들을 함께 가르치는 한 팀이라는 이미지가 너무 강했기 때문이다. 조오니오가 경증·중증의 장애아동을 포함해 다양한 능력을 가진 아동들을 통합교육 할 수 있는 중요한 저력 중 하나가 이것이다. 다양한 아이들을 교육하기 위해서는 다양한 선생님들이 함께하는 게 필수다.

지원교사는 세 학급당 한 명인데, 책임교사와 함께 그 학급을 감독·지원supervision하는 역할을 한다. 담임인 킴벌리 선생님 말을 빌리면 "모든 어려운 질문에 답하는" 사람이기도 하다. 팀원들 사이에 갈등이 생길 때도 지원교사가 중재하는 역할을 한다. 보조교사들은 대부분 일반교육이나 특수교육 학위과정을 이수 중인 분들이 많다. 매 학기 주변 교육대학들에서 교생을 받는 조건으로 조오니오 교사들은 그 대학에서 학점을 이수할 수 있는 기회를 얻는다. 면담 자리에서 처음 만난 보조원 교사는 막 고등학교를 졸업했는데, 킴벌리 선생님 말로는 아이들을 돌보는 인성과 태도, 책임감이 깜짝 놀랄 정도라고 한다.

조오니오의 신입교사나 직원들 중에 사실 이곳이 처음인 사람은 거의 없다. 교생실습, 자원봉사, 학교 공동체의 구성원 등 이미 조오니오를 어떤 방식으로든 경험한 사람들이다. 훌륭하게 교생 실습을 마친 대학생이 학교로부터 같이 일하자는 제안을 받는 경 우도 있고, 보조교사로 일하던 분이 학위과정을 이수해 일반교사 나 특수교사로 일하게 되는 경우도 많다. 부모가 보조교사로 일 하다가 교사자격증을 따고 책임교사가 되는 경우도 꽤 있다. 최 근 조오니오에서 학교 시설을 청소하고 관리해주실 분을 찾는다 는 공고문을 학부모들에게 보냈다. 기존의 공동체 인맥을 이용해 함께 일할 사람을 찾는 것이다. 지원 자격으로는 '아이들이 있는 환경이나 아이들과의 상호작용을 좋아하는 사람', '다른 사람들 과 협력해서 일할 수 있는 사람'이라는 요건이 적혀 있었다. 공동 체에 잘 맞는 이들을 기존의 네트워크를 이용해 찾는 것이 조오 니오의 안정적인 채용 비결인 것 같다.

팀티칭의 실체는 다양한 교사들

비장애아 부모들이 이곳을 선택하는 데는 많은 이유가 있지 만, 그중 하나는 학급에서 다양한 성인들과 의사소통하는 것이 아이들의 인지·언어발달에 긍정적인 영향을 끼치기 때문이다. 언어적 상호작용의 질과 양, 그리고 아동들의 조기발달 사이의 상관관계는 이미 너무도 많은 연구가 진행된 분야다. 어른과 이야기를 많이 나누는 아이들일수록 언어·인지발달이 빠르다. 중증 장애아동의 경우도 마찬가지다. 장애아동의 일상 활동을 한 명의 보조원이 하루 종일 지원하는 것과 여섯 명의 교사들이 돌아가면서 돌보는 것은 아이에게 제공되는 자극과 경험의 양에 큰 차이가 있다.

다양한 아이들이 함께하는 교실에서 한 명의 교사가 모든 문제를 해결하는 건 거의 불가능하다. 아이들의 특성이 다양한 만큼, 다양한 교사들이 함께해야 문제에 부딪혔을 때 더 쉽게 해결할 수 있다. 킴벌리 선생님은 팀 체제가 교사들에게 미치는 시너지 효과에 대해서도 말했다. 교사 각자가 가르치는 방식, 잘하는 것, 관심사가 다를 수밖에 없다. 킴벌리 선생님은 10년 차가 넘는 교사인데, 이번 학기에 함께 일하게 된 동료들 덕분에 새로운 교수법, 생각지 못했던 활동들을 많이 경험하게 되었다고 한다. 누군가가 책임지고 팀을 이끌되, 그 팀을 지원하는 교사들 또한 전문성을 가지고 팀 안에서 수평적인 역할을 함께하는 것이 조오니오의 힘이다.

일반적으로 통합학급에서 팀티칭을 할 때 가장 큰 걸림돌은 특수교사는 특수아동, 일반교사는 일반아동, 그리고 개인 보조원은 특정 개별아동을 돕는 사람이라는 틀이 너무 강하다는 것이다. 말은 통합교육이지만 장애학생, 비장애학생, 일반교사, 특수교사 등을 끊임없이 구별 짓는 시스템 때문이다. 밀림반 교사들은 역할을 고정하지 않고, 다양한 일들을 돌아가면서 맡는다. 주로 서너 명의 교사가 수업을 함께 계획하고 진행하는데, 수업 중 역할은 매일 바뀐다. 아동 중 중증 장애가 있어서 개별 보조가 필요한 경우에도 여섯 명이 돌아가며 그 역할을 맡는다. 교사들의 팀티칭 역량을 높이고 전문성을 키우기 위해 매주 수요일에는 모든 아동들이 12시에 하원한다(맞벌이 부모들은 방과후 교실에 등록할 수 있다). 교사들이 수요일 오후 시간을 오롯이 팀별 회의, 워크숍, 수업 계획에 집중한 게 벌써 수십 년째니, 그간 축적된 노하우와 질적 성과는 어찌 보면 당연하다.

또한 조오니오는 주변의 다른 유아원들과 협력하면서, 통합교육뿐 아니라 질 높은 유아교육의 원리를 실천하고, 유아교육 교사의 전문성을 키우기 위해 많은 노력을 기울였다. 특히 놀이를 통한 교육, 자연주의 교육방식, 아동이 주도하는 발견학습, 환경을 구성하고 배움의 과정을 촉진하는 교사 역할 등이 그렇다.

좋은 통합교육은 좋은 교육이다

조오니오에는 장애아들이 있기 때문에 오히려 교실 환경이나 수업 내용, 방법이 더 풍성해진다. 장애아동들이 쓰는 테크놀로지는 모든 아이에게 도움이 된다. 수십 년 전에 이미 애플사의 컴퓨터와 프로그래밍 가능한 의사소통 기기들이 조오니오의 교실에 비치된 건 장애아동들이 특수교육 서비스를 받고 있었기 때문이다.

조오니오 교사로 일하셨던 데이비드 선생님 반에는 자폐장애, 시각장애, 뇌성마비를 가진 아이들이 있었는데, 이들은 말로 의사소통하는 것이 힘들었다. 이 반에서는 한국의 '아이 엠 그라운드 자기 이름 대기' 게임과 비슷한 쿠키 게임을 자주 하는데, 선생님은 장애아들을 위해 프로그래밍이 가능한 커다란 키보드에다 게임에 필요한 문장들을 키로 만들고, 마지막엔 반 아이들 사진 16장을 녹음된 이름과 함께 자판으로 만들었다. 장애아들은 보조공학의 일환인 그 키보드 덕분에 다른 아이들과 재미있게 어울릴 수 있었다. 나중엔 아이들 전체가 그 키보드를 이용해 게임에 참여하고 싶어 했고, 나중엔 모든 아이들이 음성지원 키보드를 이용해 게임을 즐기게 되었다.

한 교실에서 학생들이 학습하는 방식은 (장애, 비장애 유무를 떠나) 너무나 다양하다. 조오니오의 교사들은 다양한 학생들의 다양한 학습방식에 맞춰 수업을 설계하고 진행한다. 덧셈 하나만 가지고도 이걸 어떻게 시각적으로, 언어적으로, 신체적 활동으로, 수학적·논리적으로, 음악적으로, 협동학습 혹은 개별학습으로 가르칠지 연구한다. 교수 자료와 학생들이 배우는 과정이 다양한지, 본인들이 배운 것을 표현하는 방식이 다양한지도 고려한다. 통합교실에서 교사들은 기존 방식보다 다양한 교수 활동을 계획할 수밖에 없다.

조오니오에서는 몸을 통해 배우는 것을 중요하게 생각하는데, 이런 신체활동 또한 당연히 비장애아동들에게도 도움이 된다. 최근 들어 장애 여부와 상관없이 아이들이 감각으로 배우는 것에 대한 부모들의 관심이 높아졌다. 이를 위해 조오니오의 작업치료 교사는 학교 한켠에 '자동세차장'을 만들었다. 진짜 세차를 하는 게 아니라, 기계식 자동세차장처럼 생긴 조그마한 터널 안에 여러 종류의 솔과 촉감이 다른 도구들을 설치해놓고, 아이들이 '차'가 되어 그 터널을 통과하는 것이다. 자폐 장애아들에게 감각치료로 활용되던 자동세차장은 모든 아이들에게 너무나 즐거운 신체 감각 활동이 되었다고 한다.

'문제행동'이 아니라 의사소통

미국의 다른 학교에서 학생들이 통합교육을 받지 못하는 가장 주요한 이유 중 하나는 행동에 '문제'가 있다고 여겨져서다. 하루 종일 울거나 소리 지르는 아이 또는 문제행동을 하는 장애아동이 교실에 있으면 수업에 방해가 되거나 힘들지 않은지 선생님들께 물었다.

데이비드 선생님은 이렇게 말했다.

"교사들은 먼저 그 아이가 왜 계속 우는지를 다른 아이들에게 설명해줘요. 아이로서는 부모와 떨어져서 낯선 사람들과 하루를 보내는 게 힘든 일이에요. 아이의 행동을 바라보는 어른들의 시선이 일단 중요해요. 교사들이 그 아이의 행동을 '문제'로 삼지 않으면, 비장애 아이들도 거기에 그렇게 집중하지 않아요. 교사들이 아이가 하는 행동에 화를 내거나 부정적인 감정을 표출하면 다른 아이들이 그걸 금방 알아채겠죠.

우리가 기억해야 할 것은 장애아나 비장애아나 삶의 중요한 기술을 배워나가는 중이라는 거예요. 조오니오 선생님들은 아이의 행동을 항상 긍정적으로 해석합니다. 한 예로, 자유놀이를 하는 동안 한 장애아가 다른 아이의 블록을 쓰러트릴 때가 있죠. 그러면 선생님들은 비장애 아이에게 "친구가 너랑 놀고 싶었나 봐. 그런데 그런 말을 어떻게 해야 할지 잘 모르는 것 같아. 어떻게 하면 되는지 우리가 알려주자"라고 말하죠.

조오니오의 장점 중 하나는 사회적 기술을 체계적으로 가르친다는 점이에요. 만약 같은 장난감을 차례대로 갖고 노는 법을 모두가 배워야 한다고 판단되면, 선생님들은 소그룹 교수를 하죠. '그 장난감을 가지고 노는 친구에게 다가간다', '친구의 눈을 바라본다', '내가 좀 가지고 놀아도 될까, 하고 이야기한다' 같이 매우 분명하게 단계적으로 과정을 설명하고, 소그룹으로 그 대화를 연습하게 해요. 이미 이런 기술을 알고 있는 아이들도 역할놀이를 하며 즐거워하죠. 차례 지키기 같은 건 장애아동뿐만 아니라 모든 유아가 배워야 하는 사회적 기술이니까요."

같은 질문에 킴벌리 선생님은 이렇게 대답했다.

"통합교육을 하려는 선생님들에게 아이의 모든 행동은 '의사소통의 방식'이라고 이야기해주고 싶어요. 아이가 그런 행동을 통해 무엇을 전하려고 하는지 살펴야 해요. 가족과 떨어져 학교에 와서 낯선 환경에 있게 되면 아이들은 겁도 나고 화도 나죠. 그런데 많은 중증장애아동이 그 감정을 표현하는 방법을 습득하지 못한 경우가 많아요. 교사나 또래들이 "안 돼"라는 말을 하기 전에 "아! 이걸 가지고 놀고 싶구나" 하고 감정을 이해해주면서, 장애아에게 의사소통의 모델이 되어주어야 하죠. 다양한 방법으로 아이와 꾸준히 문제를 해결해나가고, 부모들에게도 그런 방법들을 교육하고, 아이 개인에 맞게 방법들을 바꾸어가는 과정에서 아이들은 하루하루 문제행동이 줄어들고 수업에 참여하게 돼요.

그리고 한 가지 더, 다른 동료교사에게 들은 조언을 전해드리고 싶어요. 만약 본인의 학생을 어떻게 가르쳐야 할지 모르겠고 연결점을 못 찾겠다면, 그 아이와 더 많은 시간을 보내세요."

다양한 사람이 어울리는 사회

장애뿐만 아니라 인종, 언어, 문화적 배경이 다양한 미국의 환경에서 장애아 통합교육을 하고 있는 학교에 아이를 보내고 싶어

하는 것은 부모들이 다양성의 가치와 그 가치가 아이에게 미치는 영향을 잘 알고 있기 때문이다. 항상 비슷한 환경(예를 들어 중산층 백인)의 또래 집단이 있는 학교에서 교육받은 아이들이 성인이 되었을 때 사회생활 능력이 더 떨어진다는 이야기가 들린다. 더불어 사는 것의 윤리적 중요성 못지않게 실리적으로도 다양한 또래와 어울리는 경험이 필요하다는 이야기다.

부모라면 누구도 제 아이가 장애인을 보고 무서워하거나, 어떻게 말을 걸어야 할지 몰라 하거나, 예의 없이 뚫어져라 쳐다보는 아이로 자라게 하고 싶진 않을 것이다. 장애인을 대하는 에티켓을 아는 것을 넘어서 사회 구성원의 다양성을 이해하고, 서로가 가진 다름과 다양한 능력을 인식하고, 다양한 사람과 한 팀으로 일할 수 있는 아이로 키우고 싶을 것이다.

나의 대학원 생활만 보아도, 청각장애 교수님이 내 논문 심사위원이었고, 함께 일해온 많은 동료들이 장애를 가지고 있었다. 장애인을 위한 기술이나 다양성을 고려한 보편적 디자인은 미국 산업에서 중요한 관심 영역이 되어가고, 비즈니스에서도 장애인은 중요한 소비자층이다. 대학에서 일하는 내게도 장애를 가진 대학생들에게 적절한 교육 지원을 하는 건 선택이 아니라 필수가 되었다. 그리고 나이가 들면서 우리 모두가 자연스럽게 장애를 갖게 된다는 점과 많은 사람들이 장애인 가족이라는 점에서, 이러한 변화는 타인의 문제가 아니라 우리 자신의 문제이기도 하다. 조오니오학교가 보여주는 것처럼 통합교육은 장애학생만을 위한 교육이 아니라, 모든 아이에게 더 다양한 교육 경험을 제공할 수 있는 소중한 통로다. 아이들이 장애가 있는 또래와 함께한 그 소중한 경험으로 사회 속에서 다양한 사람들과 더불어 사는 시민이 될 수 있길 바란다.

(vol. 126, 2019. 11-12)

경계선 지능 아이들을 위한 진로교육

독일의 교육제와 학습장애

독일은 전통적으로 분리교육의 원칙을 갖고 있던 나라다. 주별로 차이가 있기는 하지만, 대체로 초등학교 4학년이 끝나면 직업교육 중심 학교인 레알슐레Realschule와 하우프트슐레Hauptschule, 대학진학을 목표로 하는 김나지움Gymnasium 중 한 곳으로 결정하여, 학습에 관한 학생의 성향이나 능력에 따라 일찌감치 진로를 향해 나아간다.

이은서 _ 한국에 있는 발도르프학교에서 7년간 교사로 아이들을 만나다 베를린자유대학에서 공부를 하고 현재 베를린에 거주하고 있다.

독일의 보편적인 특수교육 체계도 근본적으로는 분리교육의 토대에서 시작하였다. 특수유치원으로 시작하여, 초등장려학교, 중등장려학교로 진학해 마지막에는 장애인 작업장 또는 직업교육센터에서 직업교육을 받는 것으로 이어진다. 그러나 1973년 독일교육위원회가 통합교육을 권장한 이래 1994년 "어느 누구도 장애로 인하여 차별받지 아니한다"는 기본법 3조 3항이 추가되면서 교육부 차원에서 통합교육 권장 정책을 펴고 있다.

한국에서 '경계선 지능' 또는 '느린학습자', '다양한 학습자'로 지칭되는 개념이 독일에서는 일반적으로 '학습장애Lernbehinderung'라고 불린다. 학습장애라는 용어는 1960년대부터 독일어권 국가에서 사용하기 시작했고, 교육학자 구스타프 오토 칸터는 이를 '지속적이고 심각하며, 포괄적인 학습능력 미달'이라 정의하고 지적장애의 종류로 분류했다.[1]

학습장애, 즉 경계선 지능에 관하여 독일에서 주의 깊게 살펴보아야 할 학교는 크게 두 종류다. 일반교육의 갈래에서 자신의 성향을 천천히 탐구하고, 자신의 재능과 관심사에 따라 학습할

---

1 칸터의 정의 이후 기존에는 가시화되지 않던 학습장애 문제를 지속적으로 연구하기 시작해 그 개념이 다각도로 논의됐다. 2005년 교육학자 카를-하인츠 에저는 '좁은 의미의 지적장애Geistiger Behinderung와 보통의 발달 정도Normalentwicklung 사이의 광범위하고 다층적인 경계 증후군'으로 보고 질적으로 명확히 구분되지는 않는다고 덧붙였다. 에저에 따르면 학습장애는 영어로 '경계선 지능Borderline intellectual functioning'이라 표현할 수 있다.

수 있도록 하는 '게잠트슐레Gesamtschule'와 특수교육의 관점에서 학습장애학생을 특별히 지원하는 '학습장애 중점 장려학교'다.

게잠트슐레의 진로교육

독일의 진로 중심 교육이 너무 이른 나이에 학생들의 성향을 규정하고, 이후 자신에 대한 새로운 발견의 기회를 박탈한다는 비판에서 시작된 게잠트슐레는 1970년대에 설립되었다. 게잠트슐레는 전통적 분류 및 학제를 과감히 없애고, 초등학교 4학년을 마친 후에도 진로 선택이 뚜렷하지 못한 학생들에게 천천히 탐색하는 시간을 준다. 또한 능력에 따라 차별하지 않고, 학생의 다양한 재능과 기호를 존중하는 것을 중요하게 여긴다. 장애학생을 특수학교로 편성시키지 않고 게잠트슐레의 일반학급에서 통합교육을 받게 하는 시도는 학생들이 긍정적인 감정과 사회성을 경험하고 타인을 배려하는 분위기를 형성하는 데 도움을 준다.

독일 동부 도시 할레Halle에 있는 학교 '할레 통합 게잠트슐레 Integrierte Gesamtschule Halle am Steintor'는 비장애학생과 학습장애학생이 한 교실에서 수업하는 통합교육을 지향한다. 교장 폴카 파쉬코프스키는 다음과 같은 농담으로 이 학교의 교육철학을 설명한다.

"기존의 실업계 중학교 레알슐레에서는 '농부가 감자 한 자루를 20유로에 판다. 원가는 16유로이다. 농부의 순이익은 얼마일까?'에 대해서 배운다면, 직업계 중학교 하우프트슐레에서는 '농부가 감자 한 자루를 20유로에 판다. 원가는 매출의 5분의 4이다. 그렇다면 농부의 순이익은 얼마일까?'에 대해서 배운다. 그리고 통합학교인 게잠트슐레에서는 이렇게 배운다. '농부가 감자 한 자루를 20유로에 판다. 생산에 드는 비용은 그의 5분에 4에 해당하는 16유로이다. 그렇다면, 여기에서 '감자'라는 단어에 밑줄을 긋고, 이에 대해 함께 토론해보시오.'"

이것이 바로 할레 게잠트슐레의 철학이라고 볼 수 있다. 사회에는 수학에 능한 사람이 있고, 감자 광고를 효율적으로 할 수 있는 사람도 있다. 어떤 이는 감자로 최고의 요리를 만들어낼 수 있는 능력을 갖고 있다. 공동체 안에서 자신의 역할을 새롭게 발견하고, 그 안에서 함께 문제해결 능력을 기르는 것이 할레 게잠트슐레의 교육목표다. 하우프트슐레와 레알슐레, 김나지움의 초기과정에서 배우는 일반 중등과정 I Sekundarstufe I을 배우되, 학습장애를 가진 학생들과 통합교육을 한다는 것이 특징이다.

특히 독일의 수능시험인 아비투어Abitur만을 위한 학습이 아니라 학생의 전 생애를 길게 보고 지속가능한 교육을 하는 데 초점을 두었기 때문에 학습장애가 있는 자녀를 둔 부모만이 아니라 자녀의 진로를 너무 이른 시기에 결정하고 싶지 않은 부모들도 이 학교를 선택한다.

보통 5학년부터 10학년까지는 '공통동의 교육과정'을 이수하고, 이후 11학년부터 13학년까지는 대학 진학을 위해 학습에 초점을 맞춘 '중등과정 II Sekundarstufe II'를 이수하고 있다. 학습장애학생들은 주로 10학년까지의 과정을 마치고 사회로 나가기 때문에 할레 게잠트슐레의 직업 준비 과정Berufsvorbereitung은 7학년부터 9학년 사이에 진행된다.

할레 게잠트슐레처럼 통합교육을 지향하는 학교에는 학급당(또는 수업당) 보통 두 명의 교사가 배정된다. 그중 한 명은 반드시 특수교육을 전공한 사람으로 장애학생들을 더 잘 이해하고 도울 수 있는 역량을 가지고 있다. 상황에 따라 별도로 특수교육 전공 교사를 채용할 수 없는 학교의 경우는 기존의 교사들이 학습장애와 관련한 직무연수를 받도록 한다. 두 명의 교사는 함께 수업을 계획하고 수업의 목표를 설정하여 학생 개인의 학습 속도에 맞춰 개별적인 상담과 보충을 받을 기회를 주는데, 일반적으로 학습장애를 가진 학생이 우선권을 갖는다.

게잠트슐레는 '모두를 위한 학교'를 모토로 하고 있다. 특별히 '학습장애학생을 포용하고 있는 통합학교'라는 것에 방점을 찍지 않고, 사회에 다양한 속도를 가진 사람이 존재한다는 것을 인정하고 학생들이 각자의 속도에 맞춰 배울 수 있도록 지원한다. 장기적인 사회 통합의 측면에서 게잠트슐레의 의미는 더욱 커진다. 초창기에는 학습낙오자들을 위한 학교, 또는 경제적 여유가 있는 별난 부모들이 보내는 학교라는 인식이 있었지만,

2019~2020년 독일 학교 유형에 관한 통계Statista를 보면, 게잠트슐레가 독일 사회에 일으킨 작은 균열을 발견할 수 있다. 초등학교(15,421개), 김나지움(3,141개), 장려학교(2,819개) 다음으로 통합게잠트슐레(2,130개)가 많다는 사실은, 그만큼 학생들의 다양성에 대한 인정, 그에 대한 제도적 지원이 50여 년간 서서히 이루어져왔음을 말해준다.

특수교육 기반의 학습장애 중점 장려학교

독일의 특수학교 중 '장려학교'는 학습장애에 중점을 두고 있는 학교다. 베를린에는 모두 23개의 장려학교가 있다. 학습장애를 위한 장려학교에서는 학생들 자신이 갖고 있는 역량 안에서 가능한 높은 성취를 하도록 돕는 것을 목표로 한다. 특히 학생마다 장애의 정도나 관심사가 다르기 때문에 개별적인 접근을 권장한다. 모든 장려학교마다 각각 강점으로 내세우는 요소도 다르다. 일단은 지역별로 많은 학교가 있다 보니, 학생들은 자신의 관심사에 따라 장려학교를 선택할 수 있다는 장점이 있다.

베를린의 학습장애 중점 장려학교인 슐레 암 비어켄호프Schule am Birkenhof는 미디어교육에 강점을 둔 학교로 초등학교와 중등과정 I(10학년까지)의 통합학교이다. 학급당 학생 수는 13명으로 비교적 소규모다. 이 학교는 처음부터 '초등학교와 청소년센터의 결합'이라는 취지로 설립되었기 때문에 학생들이 사회에 어떻게 스며드는지, 실질적인 삶을 어떻게 경험하고 준비해가야 하는지에 초점이 맞추어져 있다. 삶과 맞닿아 있는 지역의 이슈, 지역 기관과의 협력을 중요시하며, 지역의 직업훈련센터와 예술가 그룹과 협력해 직업교육을 하고 있다는 것이 특징이다.

직업체험 주간에 지역에서 활동하고 있는 록밴드를 초청하여 워크숍을 하고, 같은 반 학생들이 각각 한 가지의 악기를 맡아 함께 밴드를 구성해 음악을 만들어보거나, 지역의 새마을금고를 방문하여 통장을 어떻게 개설하는지, 이자 개념이 무엇인지, 경제적인 삶을 위해 어떤 금융지식이 필요한지를 어린이와 청소년의 관점에서 배울 수 있도록 돕는다. 이 모든 과정이 추후 9학년이 되었을 때 실제 일을 경험하고 체험해볼 수 있는 인턴십과 연결되어 있다.

실질적인 직업교육은 7학년에서 9학년까지 이루어지며, 이 수업에서 다루는 내용은 수공예, 목공예 그리고 경제수업이다. 이론적인 내용보다는 학생들이 스스로 해보면서 직업과 경제사회를 알아갈 수 있도록 프로젝트 중심으로 교육한다. 특히 프로젝트는 수년간의 지속성을 중요하게 생각한다. 프로젝트를 시작할 때 학생들의 특성을 고려해 오리엔테이션을 아주 세세하게 느린 속도로 진행하며, 이 과정에서 직업교육 상담 전문가, 담당교사 학부모, 학생의 의견 교환이 활발히 이루어진다.

또한 프로젝트를 진행하면서도 기획, 실행, 결과 정리까지 모든 과정을 학생들이 충분히 겪어볼 수 있게 한다. 단순한 직업 체험활동에서 그치지 않고, 학습장애학생들의 졸업 후 삶을 준비해 간다는 의미에서 장기 지속성을 중요하게 여긴다. 또한 학생들은 담당교사와 함께 프로젝트를 기반으로 교내 회사를 설립하여, 8학년부터 10학년까지 주당 10시수를 자신의 프로젝트 회사에서 직접 일해볼 수 있다.

요리에 관심 있는 학생들이 모여 케이크를 굽고, 핫도그나 음료 같은 음식을 판매하며 교내 카페를 운영하는 프로젝트도 있고, 노인·아동과 관련한 사회 문제에 관심이 있는 학생들이 모여서 만든 사회적협동조합 같은 것이 눈에 띈다. 이들은 주변의 탁아소와 양로원을 정기적으로 방문하여 봉사활동을 하고 있으며, 지역의 관련 기관은 학생들이 설립한 협동조합에 직접 연락해 특별 도움을 요청할 수도 있다. 가장 활발한 프로젝트 중 하나는 학교 내 온실과 텃밭에서 화초와 농작물을 가꾸는 것이다. 단순한 화단 관리와 환경 미화 차원이 아닌 '생산과 판매'를 주목적으로 하여 경제를 익히는 데 초점을 두고 학교와 지역 행사에서 직접 기른 허브와 관련 상품을 판매한다. 텃밭에서 기른 작물뿐만 아니라 잼, 피클, 토마토소스 같은 식재료나 시즌별 상품을 기획하여 부활절 및 크리스마스용 화초 장식 등도 제작·판매한다.

이 학교의 교장은 "이곳에서 학습장애는 전혀 중요하지 않다.

학교는 지적인 학습만을 위한 공간이 아니다. 자신이 시간을 갖고 몰두할 수 있는 일을 찾는 것을 돕는 공간이다"라고 강조했다. 교내 회사의 특징은 학생들이 지역사회의 활동 리듬과 계절을 중심으로 일 년의 리듬 안에서 활동한다는 것이다. 특히 모든 회사의 프로그램과 기획의 요점은 계절과 환경의 변화에 맞춘다. 어찌 보면 당연한 것 같지만, 다가올 겨울을 준비하여 잼을 만들고, 새로운 씨앗을 뿌릴 봄을 위해 텃밭을 갈고 밀짚을 덮어주며, 크리스마스 때 지역사회를 위한 작은 공연을 준비하는 등 모든 계획이 일 년 단위로 짜여 있다. 삶의 리듬을 잡고 안정감 있는 인생을 계획해 나간다는 측면에서 이는 느린학습자들에게 단순한 직업교육을 위한 프로그램이 아니라 실제 삶을 준비하는 의미가 크다. 실제로 졸업생들도 정기적으로 교내 회사의 다양한 프로그램에 멘토로 활동하면서 졸업 후에도 재학생과 서로 도움을 주고받으며 든든한 네트워크로 존재한다.

슐레 암 비어켄호프에서 가장 인상적이었던 것은 학생들이 변화의 시기에 장기적인 적응시간을 갖는다는 것이다. 먼저 지역의 유치원과 결연을 맺고, 취학 직전의 유치원생들이 학교를 경험할 수 있도록 일 년 동안 한 달에 한 번 정도 교실을 개방한다. 1~2학년 학생들은 유치원생들이 방문할 때마다 생활의 지혜, 놀이로 배우기 등을 통해 학교가 재밌는 곳이며, 배움은 괴로운 것이 아니라는 사실을 몸소 보여준다.

초등학교(6학년)에서 중학교(7학년)로 넘어가는 시기도 마찬가지다. 7학년은 본격적으로 프로젝트와 교내 회사에 참여하면서 학생들이 실제 삶을 준비하는 시기다. 학생들은 5학년 때부터 교내 동아리를 통해 자신의 관심사를 탐색하고, 원하는 것이 학교 안에 없다면 학교와 연계된 지역 동호회의 문을 두드린다. 이 변화의 시기는 학생마다 짧게는 2년, 길게는 5년이 걸린다. 변화를 서서히 받아들이고 자신의 속도에 맞춰 깊이 있게 몰두하기에 충분한 시간이다.

독일의 사례를 조사하며

두 학교의 사례를 조사하면서, 아직 학습장애 중점 장려학교에 대한 생각을 명쾌하게 정리하지는 못했다. 성공 사례도 몇 가지 살펴보았지만, 최악의 사례도 알게 되었기 때문이다. 예를 들어 몇몇 학교에서는 '학습장애 중점 장려학교임에도 불구하고, 10학년 졸업장(중등교육 졸업장)을 받게 해준다!'는 식의 홍보문구를 볼 수 있다. 또 쾰른의 한 학습장애 중점 장려학교의 졸업생이 자신의 학교와 시를 상대로 소송을 건 사례도 있다. 요지는 학생이 세르비아 출신의 이민자인데, 독일어 실력이 떨어진다는 이유만으로 초등학교에서 자신을 학습장애 중점 장려학교로 진학하게 만들었고, 장려학교를 졸업했지만 그 학교 출신이라는 이유로 아직 취직을 못하고 있다는 문제제기였다. 재판에서 이 학생은 승소했다.

두 사례에서 독일 사회의 이면이 고스란히 드러난다. 즉 여기서도 중등학교 졸업장이 중요하다는 점, 소위 '특수학교'와 그 학교 출신에게 낙인이 존재한다는 점이다. 결국 교육의 문제는 사회, 정치, 노동, 경제 등 모든 분야와 유기적으로 연관되어 있고, 이는 독일이나 한국이나 모두 다각도의 접근이 필요하다는 점을 시사한다.

독일의 느린학습자 교육에 대해 조사를 하면서 내게는 두 가지 키워드가 남았다. 먼저 '학습장애'를 가시화하는 것이 중요하다는 점, 그리고 '연결'. 무엇보다도 당사자가 살고 있는 지역사회와의 긴밀한 연결이 매우 중요하다는 것이다. 한국의 현실과 독일의 사례를 비교하면서 가장 먼저 떠오른 질문은 '드러나는 것과 드러나지 않는 것, 내가 좀 느린 사람이라는 것을 주변의 사람들에게 이해받는 것과 이해받지 못하는 것은 어떠한 차이가 있을까'였다.

베텔스만 재단Betelsmann Stiftung이 2020년 6월에 발간한 보고서 「통합교육의 빛과 그림자」에 의하면 독일에서는 1학년부터 9~10학년까지 737만여 명 중 54만 명 정도가 특수교육을 필요로 한다(2018~2019년 기준). 그중 학습장애가 35.4%로 가장 높고, 정서 및 사회발달장애가 17.6%, 정신지체가 17.3%, 언어장애가

10.3% 순이다. 한국은 정신지체 학생의 비율이 압도적으로 높은데, 독일의 경우는 학습장애가 장애 유형의 대부분을 차지한다. 한국에서는 사회·문화·제도적으로 학습장애를 장애라기보다는 능력 또는 노력의 미달로 보는 경향이 있어서 학습장애학생들이 가시화되지 않은 것이 가장 큰 이유일 것이다. 이런 환경에서 학습장애를 가진 사람이 적절한 지원을 받으며 성장하기 힘든 구조가 되는 것은 당연한 결과이다.

독일에서 성공한 사례로 소개되는 학교나 기관은 대부분이 지역사회와 아주 긴밀하게 연결되어 있었다. 특별한 방법론이나 교구, 프로그램이 중요한 것이 아니라 지속적으로 학생의 손을 잡고 울타리 밖의 가장 가까운 사람과 연결해주며 교류할 수 있게 돕는 것이 가장 중요한 역할임을 여러 학교의 사례에서 볼 수 있었다.

학교를 작은 사회라고 보았을 때, 게잠트슐레는 '사회 통합'의 측면에서 의미가 크다. 독일어나 수학 등 차이가 많이 나는 교과에서는 수준별 수업이라는 보완 장치가 있지만, 그 외의 수업과 프로젝트는 모두 함께 이루어진다. 이 작은 사회에서 배우는 문제해결 능력은 장기적으로 사회의 종합적 발전에도 많은 기여를 할 것이라고 생각한다.

(vol. 132, 2020. 11-12)

통합교육은 모든 아이들의 권리다

세상의 무심한 오해 앞에서

내가 호주에 살고 있구나, 실감하는 순간이 종종 있다. 예를 들면 이런 경우. 아들 벤과 등교를 하다 만난 같은 학교 다니는 아이에게 "좋은 아침!" 인사 한마디 했을 뿐인데, 곁에 있던 할머니가 웃으며 말씀하신다.

"손자 팀(가명)이 ADHD 약을 복용하는데, 약기운이 돌려면 시간이 좀 걸려요. 그래서 정신없이 말을 하니 이해해줘요."

이루나 _ 한국에서 중등교사로 일하다 호주 멜버른으로 삶의 근거지를 옮겼다. 발달장애 아들을 일반 초등학교에 보내며 호주의 특수교육, 일반교육, 통합교육의 속살을 이해하고자 고군분투 중이다.

우리 집에서 하룻밤 지내러 온 데인(가명)의 엄마가 말했다.

"아이가 ADHD가 있고 감정 조절이 어려워서 약을 먹고 있어요. 시간 맞춰 약 좀 챙겨줄래요?"

벤을 데리고 집 근처 놀이터에 갔을 때다. 또래로 보이는 아이 엄마가 있어서 말을 섞자, 그녀가 말한다. "우리 아이는 자폐인이에요. 그래서 노는 방법이 조금 다를 수 있어요."

발달이 다른 아이들의 상당수는 잠깐 스치는 일반인의 눈에 장애가 쉽게 드러나지 않는다. 그게 다행인 경우도 있겠지만, 또 한편에선 '게으르거나' '이상하거나' '말썽쟁이거나' '가정교육을 제대로 받지 못한 아이들'이란 편견에 시달리며 살아가기도 한다. 세상의 '무심한 오해들'로부터 자녀를 보호하려고 선방을 날리는 가족들을 만나면 '나도 용기를 내봐야겠다'는 희망의 다짐이 온몸의 핏줄을 타고 흐른다.

나는 자폐성 장애 진단을 받은 아들을 둔 엄마다. 온 정성을 다해 오랫동안 준비하고 기다리며 아들을 낳았는데 발달장애아동의 엄마가 되어 있었다. 나에게 예고 없이 불쑥 들이닥친 불운은 누구에게나 일어날 수 있는 일이지만, 모두가 내가 스친 이들처럼 필요한 순간에 용기 있게 목소리를 낼 수 있는 것은 아니다.

나 또한 오랫동안 나와 아들 벤에게 쏟아지는 숱한 편견과 오해에 침묵하기도 했다. 자폐성 장애의 광대한 스펙트럼을 이해하지 못하는 사람들에게 벤은 약간 별나고 예민하고 짜증 많은 아이로 비춰져, "엄마 양육 탓"이라는 비난을 '밥 먹듯' 받고 살았다. 그런데도 나와 아들을 적절하게 옹호하는 대처법을 잘 알지 못하다가 주변의 용감한 부모들을 만나면서 이제야 조금씩 터득하고 있다. 그리고 깨달았다. 아이의 장애를 드러내는 용기는, 다름을 적극적으로 수용하려는 사회 구성원이 많다는 확신이 있어야 나올 수 있다는 것을.

한국교육이 싫어서 한국을 떠난 교사

나는 '한국교육이 싫어서' 한국을 떠났다. 역설적으로 교사여서 교육 현장의 속사정을 너무 잘 알고 있기에 그만큼 더 두려웠다. 한국의 교육이라고 해서 언제나 제자리걸음인 것은 아니지만 제도와 구성원의 의식 변화는 내 삶의 절박함을 따라오지 못했다. 인문계 고등학교에 있을 땐, 입시교육이 국가의 유일한 교육과정이라 해도 지나치지 않은 한국에서 아들의 학교생활을 상상하는 것만으로도 만신창이가 되었다.

내가 근무한 중고등학교에도 특수학급이 있었으나 말이 통합이지, 실상은 섬처럼 고립된 학급이었다. 그렇다 보니 그 아이들을 만날 기회도 거의 없었고 잘 알 수도 없었다. 가장 큰 문제는 알지 못하는 대상은 쉽게 두려움의 대상으로 전락한다는 것이다. 결과적으로 당사자나 가족, 특수교사 등을 제외하면 일반학급의 학생, 학부모뿐만 아니라 교사들도 통합교육에 대한 이해가 낮을 수밖에 없는 구조였다.

뇌의 회로가 정형인과는 다른 방식으로 연결된 자폐인 벤이 세상을 읽어내고 처리하는 속도는 일반아동에 비해 느리다. 새로운 사람이나 활동에 익숙해지는 데 상대적으로 오랜 시간이 걸린다. 좋아하는 것에 지나치게 몰입하는 특성상 한 과제에서 다른 과제로 전환하는 데도 어려움이 많아 한국에서는 어린이집 선택부터 난관이었다. 타들어가는 답답함을 이해하지 못하는 주변 사람들이 추천하는 곳들은 벤에게 어울리지 않았다. 스포츠 활동, 영어, 미술 등 다양한 외부 강사를 초빙해서 많은 프로그램을 운영하는 곳은 걷기에도 숨찬 아이에게 달리고 춤을 추라는 주문과 비슷했다.

마지막 선택은 공동육아였다. 아동들의 일과에 계속 활동을 보태는 것이 아니라 꼭 필요한 활동만 남기고 덜어내는 곳. 그곳에서 벤은 나름 즐거운 시간을 보냈지만, 엄마와 아빠의 삶은 고됐다. 공동육아 터전이 집에서 왕복 한 시간 반 이상 떨어져 있어 등·하원까지 합치면 족히 세 시간은 걸렸고, 주중 청소, 대청소, 김장하기, 부모교육, 개원 잔치 등 부모의 일손이 끝도 없이 필요했다. 가끔 허탈했다. 어린이집을 아이가 아닌 부모가 다니는 느낌이었다.

아이들의 수만큼 준비하는 수준별 교육과정

결국, 한국을 떠나기로 결심한 우리 가족은 호주 멜버른에 정착하자마자 벤을 집 근처 유치원에 보냈다. 한국에서는 그렇게 유난을 떨어야 할 수 있었던 공동육아가 멜버른에서는 보편적인 형태의 유아교육이었다. 한국에서 통합교육 논의가 주로 장애와 비장애아동의 통합을 의미한다면, 호주에서 통합교육은 학교 안의 모든 구성원들의 통합을 의미한다.

내가 사는 멜버른이 속한 빅토리아주의 정부 교육과정에는 영재, 장애아, 학습에 부가적인 도움이 필요한 학습부진아, 영어 사용이 자유롭지 않은 아이(주로 이민자 가정의 아동이나 언어발달이 느린 아이)를 '다양한 학습자Diversity of Learners'란 동일 범주에 명시한다. 즉 발달이나 학업 성취가 뛰어난 학생도 교육 안에서 통합되어야 하고, 발달이 다르거나 느린 학생도 마찬가지로 통합이 되어야 함을 의미한다. 결과적으로 호주 교사들에게는 아동의 발달이나 학업 성취도, 가정환경, 인종과 민족, 소수자나 약자로서의 정체성과 개성을 존중하면서 학교 공동체의 일원이 될 수 있도록 돌보고 교육해야 할 책무가 주어진다는 뜻이기도 하다.

"호주의 교사들은 한 교실 안에 있는 아이들의 수만큼 수준별 교육과정을 진행한다는 마음으로 임해야 해요. 교사들이 수업 준비로 정말 바빠요."

호주 생활이 30여 년 되어가는 이민 선배가 건넨 말이다. 그는 호주의 초등, 중등, 대학에서 가르치는 일을 오랫동안 해왔다. 오랜 경험에서 우러나온 그의 말을 들으면서도 나는 반신반의했다. 한국에서 근무할 때 동료교사들 중에는 이렇게 성토하는 사람들이 있었다. "학생 중심 수업이 공교육을 망쳤다." "열린수업과 눈높이교육이 공교육을 붕괴시켰다." 그렇다면 호주의 공교육도 이미 붕괴되었어야 하는 것 아닌가?

결국 나는 덜컥 보조교사 자격증 과정을 등록해버렸다. 주변 사람들에겐 정부에서 수강료를 전액 지원해주기 때문에 영어 공부 좀 해보려고, 또는 벤이 경험하는 호주의 교육 시스템이 어떤 것인지 알고 싶어서라고 말했지만 사실 다 핑계였다.

학교에 직접 들어가 내 눈으로 확인하고 싶었다. 특수학급도 특수교사도 없는 학교에서 일반교사가 어떻게 장애아동을 포함한 다양한 아이들을 가르치고 있는지 궁금했다. 더군다나 수많은 이민 선배들이 말하지 않던가, 부모의 삶은 좀 고달파도 아이들에게는 행복한 곳이 호주라고. 잘났든 못났든 태어난 대로 인정받고 존중받는 사회라고.

다양한 학습자를 지원하는 교실

"통합은 장애아동에게만 필요한 것이 아니라 모든 학생에게 적용되는 권리예요. 보조교사는 단지 정부의 보조를 받는 진단받은 장애아동이 아니라, 교실 안에 있는 다양한 학습자를 지원해야 해요. 갓 이민 와서 영어 사용이 어려운 학생, 호주 선주민인 애보리진Aborigine 학생, 난민 자녀, 학업부진이 있는 학생 등 모든 경우의 아동들을 교실에서 소외되지 않도록 돕는 일이에요."

보조교사 자격증 수업 중에 강사 에릭이 수시로 강조했다. 일년여 간의 이론-사례 연구-프로젝트 수업-학교 실습 등을 거치면서 자연스럽게 호주의 교육과정과 교육 시스템, 그리고 교사양성과정을 이해하게 되었다. 기본 원칙은 간단하다. '학교와 교사는 학생을 거부할 수 없고, 부모의 선택을 존중해서 학생에게 알맞은 교육환경을 제공한다.'

그러니까 현재 한국의 특수학급에서 교육받고 있는 상당수의 학생들은 호주에 오면 일반학급에서 일반아동과 함께 교육받을 수 있다는 뜻이다. 아동을 분리하는 방식이 아니라, 학교와 교사가 해당 장애를 이해하고 이에 맞는 교육환경과 교육과정을 재구성해서 제시해야 할 의무가 주어진다. 부모나 당사자가 특수학교로 전학을 원하지 않는 한 통합이 원칙이다.

그렇다 보니 호주 초등학교의 일반학급에는 한국의 일반학급에서는 상상도 할 수 없는 다양한 아이들이 공존한다. 학교마다 조금씩 다르지만, 장애아동 부모들이 선호하는 학교에는 다운증후군, 말을 하지 못하는 자폐, 지적장애, 뇌성마비 등을 지닌 아이들이 한 교실에서 보조교사의 도움을 받으며 생활한다.

장애의 유형과 정도, 학교의 여건에 따라 보조교사 투입 등 필요한 지원이 각기 다른데, 발화가 어려우면 보조기기와 보조교사의 도움으로 수업에 참여하고, 언어재활사, 감각통합사가 정기적으로 학교로 방문하기도 한다. 지적장애로 수업을 따라오지 못하면 담임교사와 보조교사가 상의해서 학생 수준에 맞게 학습 자료를 재구성해서 제시한다. 화장실 이용을 교육하거나 시각 학습자들을 위해서 과제나 지시사항을 시각적으로 제공하는 일도 보조교사나 담임교사의 몫이다. 그러니까 한국의 특수학급에서 일어나는 돌봄과 교육이 일반교실에서 일반교사와 보조교사와의 협동으로 일어나는 방식이다.

막연했던 개별화교육을 이해하기까지

한 교실에서의 통합교육을 오랫동안 유지해온 호주 학교에도 개선해야 할 점들은 많다. 교사, 학부모, 장애아동 옹호 기관은 더 섬세한 지원과 대책을 정부에 요구하고 있다. 가령, 교사 1인당 학생 수 감축, 통합교육에 대한 일반교사들의 전문성 향상을 위한 연수 확대, 일반교사를 지원할 네트워크 구축, 각 교실에 다양한 학습자를 위한 보조교사 증원 등이다.

특히 코로나 팬데믹의 여파로 실시된 온라인 수업으로 특별한 욕구가 있거나 부가적인 도움이 필요한 학생들에 대한 실효성 있는 대책이 절실하고 시급하다는 사회적 여론이 형성되었고, 온라인 수업이 종료되자 빅토리아 주정부가 가장 먼저 발표한 교육 정책은 일반학교에 다니는, 발달이 다양한 아동들에 대한 구체적인 지원 계획과 예산 투입이었다.

현재 호주에는 다양한 시도를 하는 일반학교가 늘고 있다. 자폐아동에게 친화적인 학교Autism friendly school를 만들어 보호자가 선택할 수 있는 폭을 늘리고, 감각이 다른 학습자를 위한 감각 친화적인 학교Sensory difference friendly school도 생기고 있다.

한국에서 교사였을 때는 막연하기만 하던 교육 개념이 호주에서 학부모로 살면서 마침내 정교해지고 명료해지는 신기한 경험을 한다. '개별화된 맞춤형 교육'을 지향하는 특수교육과정과 '학생 중심의 수준별 교육과정'을 지향하는 일반교육은 기름과 물처럼 양분된 개념이 아니라는 것, 학생 중심의 수준별 수업을 좀 더 치밀하고 구체적이고 정교하게 다듬으면 특수교육 대상자에게 꼭 필요한 개별화교육 계획IEP이 된다는 것을 왜 전에는 이해하지 못했을까?

학생 중심이나 수준별 수업은 죄가 없다. 궁극적으로 교육은 학생을 개별적인 인격체로 인정하고 존중한다는 점에서 학생 중심이어야 하고, 학생마다 발달 속도와 방법이 다르다는 점에서 수준별이어야 한다. 이를 실천하려는 교사와 학부모와 정부가 만

나면 자연스럽게 모든 아이들의 통합을 도모하는 교육이 이루어
진다는 사실을 호주의 교육을 경험하면서 깨달았다.

이제는 나도 용기를 내보려 한다. "내 아들은 자폐인이에요. 그
래서 세상을 다르게 느끼고 다르게 받아들여요."

(vol. 134, 2021. 3-4)

스스로 서서 서로를 살리는 교육으로 가는
길가에 핀 '민들레'를 만나보세요.

교육=학교교육이라는
통념을 깨고

삶이 곧 배움이 되는 새로운
교육문화를 만들어갑니다.
가르침과 배움의 경계를 허물고
함께 배우고 성장하고자 하는
이들이 손을 잡을 수 있게 돕습니다.
자기가 선 곳에서 교육을 바꾸어가는
부모와 교사, 학생들이
전국 70여 군데에서 활발히
독자모임을 이어가고 있습니다.

교사라는 울타리를
넘어

격월간 『민들레』는 '교사의 시선'에
머물러 있던 저에게 부모와 육아,
대안학교와 청년들의 문제까지
넘나들며 여러 사람들의 관점을
연결해주었습니다. 그리고
희망이라곤 찾을 수 없었던
'교육' 속에 생기를 불어넣으며
새로운 싹을 틔우는
사람들 소식을 전해주었습니다.
우리는 누군가에게 닿아야 살아갈 수
있습니다. 삶의 기척을 알아채고
서로에게 기대면서 말이지요. 저는
그 벗으로 『민들레』를 선택했습니다.

_ 전 초등학교 교사 양영희

02) 322-1603 | www.mindle.org
mindle1603@gmail.com